中国经济与管理

2019

第 一 辑

2019

第一辑

中国经济与管理

颜廷君　顾建光　主编

中国书籍出版社
China Book Press

图书在版编目（CIP）数据

中国经济与管理 . 2019. 第一辑 / 颜廷君，顾建光
主编 . — 北京：中国书籍出版社，2019.6
ISBN 978-7-5068-7311-6

Ⅰ . ①中… Ⅱ . ①颜… ②顾… Ⅲ . ①中国经济—经
济管理—文集Ⅳ . ① F123-53

中国版本图书馆 CIP 数据核字（2019）第 112661 号

中国经济与管理·2019·第一辑

颜廷君　顾建光　主编

图书策划	成晓春　崔付建	
责任编辑	成晓春	
责任印制	孙马飞　马　芝	
出版发行	中国书籍出版社	
地　　址	北京市丰台区三路居路 97 号（邮编：100073）	
电　　话	（010）52257143（总编室）（010）52257140（发行部）	
电子邮箱	eo@chinabp.com.cn	
经　　销	全国新华书店	
印　　刷	三河市华东印刷有限公司	
开　　本	787 毫米 × 1092 毫米　1/16	
字　　数	220 千字	
印　　张	13.5	
版　　次	2019 年 7 月第 1 版　　2021 年 1 月第 2 次印刷	
书　　号	ISBN 978-7-5068-7311-6	
定　　价	68.00 元	

前　言

没有梦想的民族是没有希望的民族，中华民族从来没有放弃过梦想！中华文明领先世界几千年，大唐盛世营造出当时全世界的繁盛景象。近代中国落伍了，历经屈辱与坎坷，但复兴的梦想盘虬卧龙般伏在炎黄子孙生生不息的血脉中，像咆哮的黄河、浩荡的长江不舍昼夜。今天，我们喊出"中国梦"的口号，这个声音让人振奋，也让人酸楚——实现中华民族伟大复兴的梦想在炎黄子孙的心中压抑得太久了，这个口号是宣泄，更是宣言！

中国梦，是民族复兴、国家富强之梦；是社会和谐、人民幸福之梦。实现中国梦需要依仗国家的力量，需要走正确的道路，更需要所有中华儿女的担当。空谈误国，实干兴邦，全国人民将用智慧和汗水托起中国梦！

国家兴亡，匹夫有责。作为经济、管理等领域的研究者，我们编辑出版《中国经济与管理》丛书，是"匹夫"的圆梦之举，这体现出我们的勇气和担当。本书中，"经济"一词除了具有"国民经济"及"经济基础"的含义外，我们还赋予它"经国济民"这一内涵；我们把"管理"的内涵从"制度化、规范化"扩展到"文化管理"范畴。这样，"经济""管理""文化"三大板块汇聚到一起，进行叠加、交融、互相推动与促进，构成全书的完整体系。

《中国经济与管理》丛书内容包括经济生态、管理创新、新视野、实践前沿、文化生态、他山之石等。或原创，或选编，从宏观到微观皆有涉及。内容可以是有套路的"少林功夫"，也可以是"一剑封喉"的独门绝技；可以是经国济世之大计，也可以是组织谋生之道；可以是社会价值坐标，也可以是人生哲学；可以是高手"华山论剑"，也可以是草根"螺蛳壳里做道场"。我们崇尚探索、开拓、创新的宗旨，立足于"建设"，同时不回避时弊，只要有益于国家利益和发展大局，皆可以畅所欲言。

表达方式上，我们避免虚张声势、故弄玄虚，摈弃陈词滥调、条条框框的束缚。追求举重若轻、深入浅出，鲜活灵动的表述。

《中国经济与管理》丛书集思广益，汇聚、萃取当代经济、管理和文化领域中"诸子百家"的研究成果、实践经验、人生智慧、人文情怀，以"精确制导"的方式传播，为中国经济与管理、文化领域的主要力量和相关人员开阔视野，提高决策能力、管理水平、文化素养服务，为实现中国梦增添正能量。

我们希望《中国经济与管理》丛书中的作品（尽管有许多出自该领域的大家手笔）能够真正起到抛砖引玉、开拓思路、引人深思的作用，如此，便不负我们这些"匹夫"的良苦用心。

目 录

管理与创新

新 视 野

文化生态

聚焦"一带一路"

林毅夫 经济学博士,北京大学教授。著有《制度、技术和中国农业发展》《中国的奇迹:发展战略与经济改革》《中国农业科研优先序》《充分信息与国有企业改革》《再论制度、技术与中国农业发展》等。

中华民族伟大复兴和"一带一路"倡议

林毅夫

今天我想从中华民族的伟大复兴角度来谈一谈"一带一路"倡议的意义。2018年是中国改革开放40周年,回顾这40年中国的发展,可以说是人类历史上的一个奇迹。在1978年我们刚刚改革开放时,中国是世界上最贫穷的国家之一,按照世界银行的统计指标,当年我们人均国内生产总值只有156美元,这是什么概念?大家知道世界上最贫穷的国家集中在撒哈拉沙漠以南被称为黑非洲的地方。1978年时,撒哈拉沙漠以南国家的平均人均国内生产总值是490美元,我们连他们的三分之一都没有达到。跟世界上其他贫穷的国家一样,当时81%的中国人生活在农村,84%的人每天只有1.25美元生活费,在国际贫困线以下。同时,我们是一个内向型的国家,出口产品占国内生产总值4.1%,进口产品占5.6%,也就是说,90%的生产活动跟国际不接轨。并且在出口的产品当中,75%以上是农产品以及农产品的加工品。

就在这么一个非常低的起点上,过去这40年,我们取得了平均每年9.5%的经济增长率,在人类历史上没有任何一个国家、任何一个地区,以这么高的速度持续这么长时间的经济增长。并且在这一段时间里面,我们对外贸易增长更快,达到平均每年14.5%。

在这么一个快速经济增长和对外开放的总体态势中,2009年我国的经济规模按市场汇率计算超过日本，成为世界第二大经济体。2010年我国出口总量超过德国，成为世界上最大的出口国，而且95%的出口产品是制造业产品，所以现在中国被称为"世界工厂"。工业革命以后，最早的世界工厂是英国。到了19世纪末20世纪上半叶，世界工厂是美国。"二战"以后，世界工厂是德国、日本。现在中国变成世界工厂。

2013年，中国的贸易总量超过美国，成为世界第一大贸易国，而且贸易进口加出口，占我们国内生产总值的比重，从1978年的9.7%，达到现在的35%左右。目前，在人口规模超过一亿以上的大国中，中国是贸易占经济GDP比重最高的国家。2014年，按照购买力平价计算，中国的经济规模超过美国，成为世界第一。从1978年以来，我国有超过7亿人口超越国际日均1.25美元生活费的贫困线。世界上有很多国际发展机构，像我曾经工作过的世界银行以及联合国开发总署，还有各个地区性的开发银行，像亚洲开发银行、非洲开发银行等等，它们的主要目标就是帮助发展中国家发展经济、摆脱贫困。但是回顾过去的这三四十年，如果把中国减少的7亿多贫困人口去掉，世界贫困人口却没有减少，而且还在增加。20世纪80、90年代以后，所有的发展中国家，包括社会主义以及非社会主义的发展中国家都在进行改革开放，但是绝大多数国家遭遇经济崩溃、停滞、危机不断。我们也有不少问题，但一直是保持稳定而快速地发展。

在改革开放过程中，中国确实存在很多问题，经济增长一放缓，"中国经济即将崩溃"的论调就此起彼伏。但回顾起来，中国却是过去这40年当中唯一没有出现金融危机的国家。为什么能这样呢？我想这主要是我们在改革开放的过程当中，一方面解放思想，一方面实事求是，根据我国的实际情况、条件来推动改革，而不是简单地照搬一些西方理论来进行改革。我国的改革是以渐进、双轨的方式：老人老办法，新人新办法。改革开放初期，我国有很多大型的资本很密集的国有企业，生产效率低，没有保护、补贴就维持不了，当时推行实事求是的政策，对这些大型的国有企业给予必要的转型保护、补贴以维持稳定。对那些传统上受抑制、符合比较优势的劳动密集型产业放开准入，而且积极地因势利导，设立工业园、加工出口区、经济特区，招商引资，把比较优势迅速变成竞争优势。这些新的产业发展得非常快，积累了资本，使得比较优势不断往资本密集产业提升，给改革旧的产业创造了必要条件，改革随之不断深化。这是中国在过去这40年能够维持稳定和快速发展的主要原因。

国际上的很多机构、国内的很多学者预测，沿着这条解放思想、实事求是、与时俱进的道路，按照党的十八届三中全会提出的全面深化改革的思想去推进，到2025年前后，我国可以跨过人均GDP12700美元的门槛，成为一个高收入国家。这是实现中华民族伟大复兴的一个很重要的里程碑。

中国是世界文明古国，拥有辉煌灿烂的文化，从鸦片战争中华民族面临生死存亡之际，中国知识分子就一直以实现中华民族的伟大复兴为己任，而我们现在比历史上任何时期都更接近中华民族的伟大复兴。

我们不仅希望自己的国家富强、人民富裕，中国文化还倡导"己立立人，己达达人"。我们也希望其他跟我们有相似历史、相似命运的发展中国家，能够像我们一样，通过改革开放获得经济快速发展、摆脱贫困、进而屹立于世界民族之林。

第二次世界大战以后，以美国为首的发达国家想帮助发展中国家发展经济、摆脱贫困，成立了像世界银行、国际货币基金组织、联合国开发总署等多边国际发展机构。美国自己也设立了美国国际援助总署，英国、法国、德国等也有这样的机构。这之后，发展中国家接受的经济援助不少，超过3万亿美元。但是，从第二次世界大战以来，在两百个左右发展中经济体中，到现在只有两个从低收入水平进入到高收入水平，到2025年左右，中国将是第三个。1960年时，共有101个中等收入经济体，2008年金融危机爆发前，只有13个发展成高收入经济体。其中有8个是西欧周边的国家，像西班牙、葡萄牙、希腊，或是石油生产国，另外5个是日本和"亚洲四小龙"。绝大部分发展中国家、发展中经济体，虽经过两代人乃至接近三代人的努力，还陷于低收入或者中等收入的水平，没有办法从低收入跨进中等收入水平，或是从中等收入跨进高收入的水平。所以，当中国作为一个大国对其他发展中国家承担更大的发展援助责任的时候，我们应该总结发达国家的援助未能真正帮助发展中国家发展的原因，继而采取一种更有效的办法。

我在世界银行工作的时候有一个很大的感触：去世界银行之前，觉得中国的知识分子历来有家国天下的情怀，总觉得民族的复兴是自己的责任。但是到了世界银行工作，去了很多发展中国家后发现，其实此心相通，所有国家的知识分子都觉得自己是民族、国家中幸运的一群，对其发展负有责任，希望国家富强、人民过上好日子。领导人也都以振兴国家为己任。然而，本国的努力加上众多国际机构提供援助，为什么成功的国家那么少？

从世界银行回来以后，我一直在大力倡导总结我国和其他发展中国家成败经验的新结构经济学。从新结构经济学的视角来看，发达国家给予发展中国家的援助很多，但是好钢没有用到刀刃上。经济发展的体现是收入水平不断提高，其前提条件是什么？是劳动生产率不断提高。劳动生产率提高靠的是现有产业技术不断创新、新的附加价值更高的产业不断涌现。随着现代技术的使用，经济规模越来越大，市场范围越来越大，电力、通讯、公路、铁路、港口等基础设施必须不断完善。

这样的进程，对任何国家都是一样的。对于发展中国家来说，主要瓶颈限制是什么？我们出国走一趟，即使不是经济学家也能看出来，就是必要的基础设施严重欠缺。没有必要的基础设施，就没有办法采用现代化的技术、发展现代化的产业去提高生产力。国际上的发展援助主要用在什么地方？改善政治治理、增加政治透明，提高人权、促进男女平等，发展教育、医疗等。这些发展援助的出发点都是好的，但并不能消除发展中国家的发展瓶颈。

新结构经济学的理论分析和我国的发展经验让我们明白，一个发展中国家必须先完善基础设施，才能够进入到现代化的进程。这是 2013 年我国领导人提出以丝绸之路经济带和 21 世纪海上丝绸之路作为一个新的中国倡导的国际发展合作框架时，以基础设施的互联互通作为抓手来推动的主要原因。

这样一个新的国际发展援助合作的框架提出来以后，在国际上引起了热烈的反响。可以从以下两项指标来看：

第一，我国作为援助国会给"一带一路"沿线国家提供一定的资金支持，但是，由于基础设施严重欠缺，所需资金规模非常巨大，必须用多边的方式来动员市场的资金，因而我国倡导成立亚洲基础设施投资银行。筹备的时候，美国公然反对，给很多国家领导人施加压力，让他们不要参加。但是这样一个机构是符合各国发展需要的，所以得到积极热烈的响应，它有 57 个创始会员国，包括英国、法国、德国这些七国集团的主要成员，到现在已经有 77 个成员国。而且，还有几十个国家正在申请的过程当中。目前它已经是除了世界银行之外，成员国数量最多的国际多边发展机构。

第二，2017年我国召开"一带一路"峰会，有29个国家领导人出席，160个国家和国际机构代表团参加，是这一年国际上最大的盛会，表明我们"一带一路"的思路，得到积极响应。

基础设施建设的重要性，不仅我国看到了，其实美国也看到了。2011年，当时的美国总统奥巴马就提出"新丝绸之路"的思路，倡导以基础设施的互联互通，把中亚五国跟阿富汗连在一起，在印度洋找到一个出海口。同年还提出印太经济走廊，用基础设施把印度洋和太平洋连在一起。这些倡议的内容和"一带一路"倡议相似，但是现在美国提出的"新丝绸之路"、印太经济走廊在国际上无声无影，而我们"一带一路"倡议在国际上得到积极的反应。为什么会有这种差异呢？因为在基础设施的建设方面，我们有比较优势，而且是可信的：

第一，中国是基础设施建设能力最强的国家。基础设施建设需要钢筋、水泥，而我国这方面的产能占全世界的一半以上。改革开放后，我国的基础设施建设非常快，培养了世界最大规模、非常有竞争力、效率非常高的施工队伍，在国际上竞标，我国施工队的成本在其他国家施工队的一半甚至三分之一以下。美国基础设施建设的高峰时期是第二次世界大战后大建高速公路时，那时候它的基础设施建设能力非常强，但现在已经衰落。

第二，基础设施建设需要资金。我们有3万亿美元的外汇储备，在全世界是最高的。这些外汇储备过去买美国政府的债券或是股票。美国政府的债券回报率非常低，如果去除掉通货膨胀是负利率，回报率就更低了。而且美国股票市场泡沫很大，风险很高。我国这3万亿美元储备当中一部分资金可以用来做"一带一路"沿线国家的基础设施建设的投入资金。只要这些项目选择好，回报率会相当高。展望未来，我国的经常账户每年还会有几千万美元的盈余。在资金投入上，我国有优势。

第三，进行基础设施建设以后能不能致富，决定于有没有产业发展。前面谈到第二次世界大战以后，成功的发展中经济体非常少，少数成功的发展中经济体有一个共同的特色——抓住了国际劳动密集型加工业转移的窗口机遇期，从农业经济变成现代化的制造业经济。"二战"以后，日本发展起来是因为抓住美国工资高劳动密集型产业失掉比较优势的时机，发展了劳动密集型产业。日本在20世纪60年代工资上涨了,劳动密集型产业比较优势降低,当时"亚洲四小龙"抓住了这个窗口机遇期,通过发展劳动密集型产业来发展制造业,成为新兴工业经济体。20世纪80年代我国实行改革开放,抓住了当时"亚洲四小龙"工资上涨、劳动密集型产业需要转移的窗口机遇期,我国也发展起来了。现在中国已经是中等偏上的中等收入经济体,很快将变成高收入经济体,让中国变成世界工厂的劳动密集型产业也逐渐失掉比较优势需要向海外转移。谁抓住了这个窗口机遇期,就有可能像我国和东亚经济体一样快速发展起来。这一次跟前面几次的劳动密集型产业转移窗口机遇期有很大的不同,就是量上的不同。比如20世纪60年代,日本开始向外转移,它的劳动密集型产业——整个制造业雇佣的人数是930万。20世纪80年代,"亚洲四小龙"劳动密集型产业转移时,韩国制造业雇佣人数是230万,我国台湾是150万,香港是100万,新加坡是50万。这一次中国大陆整个制造业雇佣的人数是1.24亿,其中劳动密集型产业雇佣的人数达到8500万。从这个统计指标来看,我国实际上创造了一个足以让"一带一路"沿线60多个收入水平在我们人均GDP一半以下的国家、再加上非洲国家,同时进入到工业化、现代化的窗口机遇期。如果它们解决了基础设施的瓶颈限制,就有可能抓住劳动密集型转移的窗口机遇期。

第四,思路决定出路。第二次世界大战以后,发展中国家政治上摆脱了殖民地、半殖民地地位,开始追求自己国家的工业化、现代化,但是,在政策上以发达国家的理论和经验为指导。不过,理论和经验的适用性取决于前提条件是否具备。发达国家和发展中国家的条件不同,发达国家的理论和经验用在发展中国家难免有"南橘北枳"的局限。我国的条件和其他发展中国家较为相同,来自于我国的经验、理论和思路对其他发展中国家动员资源、克服困难,抓住发展的机遇将有较大的参考借鉴价值。

实现中华民族伟大复兴是中国人民的骄傲,同时也会给其他发展中国家带来共同繁荣的机遇。"一带一路"倡议有可能给世界带来"百花齐放春满园"的美好景象,促进人类命运共同体的缔结。

柴尚金 天津科技大学马克思主义学院名誉院长，天津市中国特色社会主义理论体系研究中心天津科技大学基地研究员。主要从事国外政党和世界社会主义问题研究。著有《变革中的政党——国外政党建设的经验与教训》《探索与创新——冷战后的世界社会主义》等。

"一带一路"开启合作共赢新时代

柴尚金

　　"一带一路"倡议提出 5 年来的实践表明，"一带一路"既是我国扩大对外开放的重大举措，也是推动世界经济持续稳定增长的动力引擎；既是构建人类命运共同体的实践平台，也为完善全球发展模式、推动全球治理体系变革提供了中国智慧和中国方案。面向未来，"一带一路"必将凝聚世界各方智慧和力量，共同书写合作共赢新篇章。

"一带一路"是和平发展、合作共赢之路

　　我国领导人在推进"一带一路"建设工作 5 周年座谈会上指出，当今世界正处于大发展大变革大调整时期，我们要具备战略眼光，树立全球视野，既要有风险忧患意识，又要有历史机遇意识，努力在这场百年未有之大变局中把握航向。当今时代，和平发展大势没有改变，但和平与发展两大问题并没有真正解决。一方面，世界面临的不稳定和不确定性因素突出，贫富分化日趋严重，特别是本届美国政府固守丛林法则和冷战思维，严重干扰国际秩序稳定和世界经济发展；另一方面，地区热点问题此起彼伏，动荡冲突不断，恐怖主义、环境污染、网络安全、全球气候变

化等非传统安全威胁持续蔓延。没有哪个国家能够独自应对挑战，求和平、谋发展、促合作、要进步成为各国人民共同呼声。中国顺应时代潮流，提出"一带一路"倡议，以合作共赢融通中国梦与世界梦，走出一条和平发展、合作共赢之路。

"发展是解决一切问题的总钥匙。推进'一带一路'建设，要聚焦发展这个根本性问题，释放各国发展潜力，实现经济大融合、发展大联动、成果大共享。""一带一路"建设不只是追求中方单一经济利益，更不是像别有用心的人所诬称的那样搞"经济霸权"，而是旨在促进沿线国家和地区之间政策沟通、设施联通、贸易畅通、资金融通、民心相通，打造利益共同体、命运共同体和责任共同体。"我们推进'一带一路'建设不会重复地缘博弈的老套路，而将开创合作共赢的新模式；不会形成破坏稳定的小集团，而将建设和谐共存的大家庭。"历史上，发达国家对发展中国家提供过一定的经济援助，但都附有私有化、市场化等政治条件。事实证明，西方的所谓援助，不能从根本上解决发展中国家资金技术匮乏、基础设施落后等难题。而"一带一路"建设坚持对话协商、共建共享、合作共赢、交流互鉴，推动各国加强政治互信、经济互融、人文互通，为各国共同发展营造和平环境。5年来，各方通过政策对接，实现了"一加一大于二"的效果。"一带一路"建设与东盟的互联互通总体规划、俄罗斯的欧亚经济联盟、哈萨克斯坦的"光明之路"新经济政策、英国的"英格兰北方经济中心"等发展战略不同程度地实现了对接，相关国家参与"一带一路"建设的积极性空前高涨，合作共赢效应开始显现。外国媒体和智库认为，中国"一带一路"建设改变了亚洲、非洲一些国家人民的生活方式，人们能喝上干净的水，能享受到现代交通、通讯、医疗卫生等便利条件；而过去西方国家的援助往往带来政局动荡，经济也没有提升。可以说，"一带一路"建设为破解发展中国家发展难题指明了方向，为提升相关国家经济竞争力、促进经济社会可持续发展提供了平台。

"一带一路"有助于推进经济全球化健康发展

由西方发达国家主导的经济全球化，一度促进了资本和科技的全球扩张，推动了世界经济的快速发展，但这轮经济全球化没能体现竞争的公平性和有效性，结果出现不同国家、不同行业、不同人群的贫富差距日益扩大。2008 年国际金融危机的爆发，使西方国家经济陷入困境，经济全球化进程受阻，逆全球化乱象丛生。中国的"一带一路"建设，强调要实现从自由竞争、零和博弈到平等参与、互利共赢的转变，这有助于克服过去经济全球化不平衡、不公正的偏向，给低迷的世界经济注入新的活力，推动经济全球化朝着更加开放、包容、普惠、平衡、共赢的方向发展。

互联互通是"一带一路"建设的关键词。只有互联互通，才能扩大开放，才可能使国际合作体量更大、程度更高，实现合作共赢。在世界经济复苏乏力、贸易保护主义抬头的背景下，"没有哪个国家能够独自应对人类面临的各种挑战，也没有哪个国家能够退回到自我封闭的孤岛"。5 年来，"一带一路"建设以互联互通为突破口，在沿线国家和地区规划实施一大批项目，如雅万高铁、中老铁路、亚吉铁路、匈塞铁路等相继开工，瓜达尔港、比雷埃夫斯港等港口正在积极建设，这些标杆性项目对增加所在国劳动就业、改善基础设施条件、提升经济效能等都发挥了重要作用。诺贝尔经济学奖获得者斯蒂格利茨表示，"一带一路"倡议为推进经济全球化做出了非常重要的贡献，很多国家，特别是一些穷国、一些被忽视的国家都被纳入进来了。

"一带一路"建设彰显了国际合作的公平价值观。沿线国家无论大小、强弱、贫富，都是平等参与者，都可按照自己意愿和自身实际需要选择发展项目，妥善处理彼此利益关系，实现优势互补、平等互利、成果共享。"一带一路"建设没有对参与成员的"身份"进行限制。非洲大陆传统上是西方的原材料供应地，而"一带一路"建设则帮助其从全球产业链低端解放出来，埃塞俄比亚、卢旺达、肯尼亚等一批国家的经济正驶入快速路。发达国家的跨国公司和大型企业也抢抓"一带一路"商机，加紧商贸布局，打造新型全球贸易网。如今，"一带一路"建设涉及领域正在不断延伸，其意义不仅在于促进世界各国间的产能合作、互联互通，更在于推进经济全球化向健康方向发展，使发达国家和发展中国家都能从经济全球化进程中获益，促使人类文明不断进步。

"一带一路"是构建人类命运共同体的实践平台

　　"一带一路"沿线国家和地区在民族、宗教、历史、文化等方面差异巨大，在价值理念和行为方式等方面亦有所不同。不同文化、种族、肤色、宗教的人群如何和谐相处，不同社会制度的国家如何和平发展，关键在于尊重文明多样性，促进不同文明交流互鉴。在这个意义上，"一带一路"是推动构建人类命运共同体的重要实践平台。

　　人类命运共同体理念引领"一带一路"建设。"一带一路"建设深刻反映了当前世界各国人民对持久和平、普遍安全、共同繁荣、开放包容、清洁美丽的世界的普遍期待。人类命运共同体理念具有广泛的适应性和高度的包容性，对世界各国、各地区、各民族、各文明共存共荣具有普遍意义，得到世界各国人民的广泛支持。察势者智，驭势者赢。中国特色大国外交之所以能够不断开拓创新，关键在于我国审时度势，不断创新外交理念，着力构建人类命运共同体、促进全球治理体系变革。人类命运共同体理念具有重要的时代价值，对"一带一路"建设产生重要引领作用。

　　"一带一路"为构建人类命运共同体注入新动力。历经5年，"一带一路"倡议已从理念变为实践，诸多国家和国际组织积极支持和参与"一带一路"建设，联合国大会、联合国安理会等重要决议也纳入"一带一路"建设的内容，包容普惠、合作共赢理念深入人心。事实证明，"一带一路"是文明之路，文明因交流而多彩，文明因互鉴而丰富。"一带一路"建设通过多层次人文合作机制，在科学、教育、文化、卫生、民间交往等各领域广泛开展合作，以文明交流超越文明隔阂、文明互鉴超越文明冲突、文明共存超越文明优越，推动各国相互理解、相互尊重、相互信任。中国愿同世界各国分享发展经验，但不会干涉他国内政，不会输出社会制度和发展模式，更不会强加于人。与此同时，"一带一路"是可持续发展的绿色之路，绿色发展理念贯穿"一带一路"建设全过程。中国政府有关部门发布了《关于推进绿色"一带一路"建设的指导意见》《"一带一路"生态环境保护合作规划》等指导性文件，要求"一带一路"建设全程搞好生态环保合作，落实"一带一路"建设的绿色责任和绿色标准，把"一带一路"建成真正生态绿色之路。我们有理由相信，"一带一路"建设将为世界经济可持续发展带来新机遇，为解决当今世界和平赤字、发展赤字、治理赤字提供新思路，为构建人类命运共同体做出独特贡献。

吴志成　南开大学周恩来政府管理学院教授、博士生导师。研究方向是当代国际关系、全球化与全球治理、欧洲一体化与欧洲治理、比较政治等。

迟　永　博士,中国政法大学全球化与全球问题研究所讲师。研究方向是全球化与全球治理、联合国与全球治理、国际安全问题等。

"一带一路"倡议与全球治理变革

吴志成　迟　永

一、全球治理变革势在必行

全球化的深入发展和新科技革命的快速演进促进了世界各国的相互融合,全球性问题和挑战也更加复杂,构建更为公正、合理、有效的全球性合作治理制度已成为国际社会的迫切需要。20世纪90年代以来,全球治理理论日益兴盛,在实践中亦被广泛应用,极大丰富了人类对全球性公共事务的认知与管理,为世界提供了促进公平、正义并保证效率的可能的合作模式。然而,全球治理的发展并非一帆风顺,特别是2008年全球金融危机爆发以后,经济全球化进程遭遇巨大挫折,与全球化同步发展的全球治理体系也不断面临挑战,越来越难以实现预期的治理效果,治理失灵现象频繁发生,全球治理变革迫在眉睫。具体来说,国际社会对全球治理的价值、绩效、共识以及美国霸权因素等影响全球治理变革的问题尤为关注。

一是推动优化全球治理价值。全球治理价值是全球治理倡导者预期达到的目标,它超越国家、种族、宗教、意识形态等方面的差异,可以弥合价值冲突,汇集尽可能多的人共同承担治理责任,并满足拥有不同政治、文化背景的人群的治理需求。

全球治理委员会认为，全人类都应在全球治理过程中接受某些共同的核心价值，包括对生命、自由、正义和公平的尊重等。全球治理价值是构成整个治理体系的基石，是全球治理具有合法性的根本原因，也为协调各种治理实践提供了基础，具有重要的理论和现实意义。

当下全球治理内在的根本价值并未被完全颠覆，但学者们普遍认为，应在承认全球治理基本价值的前提下，进一步优化全球治理价值，使之更具包容性与开放性。因为既有的全球治理价值主要以西方的价值诉求为核心，无法兼顾非西方国家，但全球治理不等于西方治理，仅靠西方价值难以实现有效的全球治理。比如，在全球安全治理领域，治理的目标"往往以西方世界价值观为主导，令接受'治理'的国家和地区难以按符合自身实际的路径解决问题及综合发展"。除了西方与非西方的差异外，在全球治理中上至超国家行为体下至个人，所有治理主体很难就价值目标的具体内涵与实践标准达成共识，特别是对人权、民主、正义等价值观念的认识更是存在巨大差异，这一现状显然不利于全球治理的发展。如何弥合这些分歧，塑造更具包容性、共识性的全球治理价值已经成为推动全球治理变革的重要问题。

二是提高全球治理机制的绩效。全球治理机制是全球治理得以实现的重要载体，现有的全球治理安排主要表现为各种类型的国际机制。当前全球治理机制建设并不完善，全球化与全球性问题的发展明显超出全球治理机制可以涉及的进程，而且这些机制一旦遭遇外部挑战就很难发挥其应有作用。即使是全球治理领域中最重要、发展最成熟的全球经济治理，也仍无法解决世界经济运行中出现的众多问题。以世界银行、国际货币基金组织等为代表的宏观经济治理机制难以在国际大宗商品价格涨跌、国际金融监管不力等问题上发挥有效作用，其本身的改革进程也步履维艰。此外，其他领域的机制建设还缺乏必要的权威性与合法性，不仅不能为各类治理主体提供行动所需的必要准则，更缺乏对"搭便车"行为体施加强制执行的手段。随着全球治理主体日益多元化，全球治理机制的权威性与合法性来源更加复杂，治理方式与手段也将遭遇更多挑战。

提高全球治理机制的绩效，核心在于削减"民主赤字"。富国与穷国、发达国家与发展中国家、北方国家与南方国家对全球治理的理解不同，但当前大部分全球治理机制的运行规则与决策模式仍主要由发达工业国制定，这些国家利用这一优势地位，不断为自身谋取战略与经济利益。新兴国家特别是中国国际地位的提高使得全球治理的"民主赤字"问题更加突出。虽然跨国治理主体的出现有助于这一问题的解决，但当前这类治理主体自身也存在结构性缺陷。如何变革全球治理机制，提高治理绩效，使全球治理更加惠及世界大多数国家已经成为当务之急。

三是扩大主权国家间的共识。虽然全球治理体系包含了不同类型的治理主体，但目前只有主权国家间的治理最具有效率和能力，它可以根据相互间的共同利益，通过协商、讨价还价等方式，签订国际协议，建立相关国际机制，推进具体问题领域的治理。虽然"国家中心"的治理模式存在一定缺陷，但由于主权国家拥有内在权威性与合法性以及控制资源方面的优势，这一模式往往卓有成效，也是当前最现实可行的全球治理实现路径。然而，以国家为主的全球治理也存在严重局限，即"参与的赤字"和"责任的赤字"。前者是因为过分强调国家的治理地位而使非国家行为体甚至中小国家的参与受到限制；后者则意味着国家在参与全球治理过程中往往重视自身的相对收益，无法形成有效共识，导致其常常拒绝履行自身应有的责任，缺乏提供国际公共产品的意愿与行动。自2008年全球金融危机爆发以来，资本主义世界陷入持续性国家治理危机，经济发展乏力，政治体制失范，民粹主义思潮兴起，保护主义与排外思想不断泛滥。这使得现有的多项全球治理议程因国家间无法达成有效共识而陷于停滞，即使已经参与全球治理议程的一些国家也更倾向于推卸责任，在集体行动中"搭便车"。

国家间无法凝聚有效共识的主要原因在于彼此间存在利益争夺，在安全困境、资源稀缺等客观因素的刺激下，主权国家往往忽视集体性的全球治理成效而片面追求本国利益。国家间的矛盾因全球治理体系中各国地位不平等而进一步加深。发达国家与发展中国家综合国力上的巨大差距使其在全球治理体系中发挥的作用与期望的目标各不相同，致使彼此合作的基础非常脆弱，整体治理效果大打折扣。由此需要从根本上变革主权国家的利益观念与行为，"通过重构国家利益中的自我与他者、构建新型多边合作机制、合理界定国家在多元治理中的地位、维护既有国际机制并推动其改革"，进而逐步增加主权国家在全球治理上的共识。

四是消除美国霸权治理的负面影响。美国目前仍是世界上唯一的超级大国，虽然美国主导的霸权体系曾为世界稳定做出一定的贡献，但其负面影响日渐凸显，越来越阻碍着全球有效治理机制的形成和公平正义的实现。一方面，当前大多数全球治理机制都处在美国的直接或间接控制之下。比如，在经济与金融治理领域，美国推行金融霸权政策，2008 年全球性金融危机爆发与美国长期维持不负责的金融政策脱不开关系。另一方面，对那些不利于自己的治理机制，美国则消极应对，削弱其治理功能。例如，在气候治理问题上，虽然美国是温室气体排放大国，但却迟迟不批准相关气候公约，甚至在 2017 年 6 月宣布退出《巴黎气候协定》，引发诸多国家不满。新世纪以来国家实力的相对下降进一步刺激了美国国内的贸易保护主义，致使其更加强调"美国优先"的原则，其"关注的焦点是如何向其他国家转嫁危机，通过打压其他国家维持其在全球经济中的竞争力"。如何消除美国霸权在全球治理体系中的负面影响，推动构建更能体现公平与正义、也更具责任感的全球治理集体领导权成为全球治理变革的重要目标。

此外，全球治理变革还受到其他多种因素的限制，比如跨国社会运动的发展不成熟、国际冲突与恐怖主义袭击频发、国际难民潮问题等，都在不同程度地阻碍着有效全球治理体系的形成。这些问题的存在要求世界各国树立命运共同体意识，勇于担当全球治理的责任，共同探求应对之策。近些年处于重要复兴阶段的中国不仅积极参与了各领域的全球治理，也正在努力推动和促进全球治理体系的变革，"一带一路"就是中国提出的最为系统的创新性方案，受到国际社会的高度评价。

二、"一带一路"倡议促进全球治理变革

"一带一路"是在新的全球化背景下中国为推动区域合作共赢和全球协商共治提出的倡议。它统筹国内与国际两个大局，进一步把中国与世界的发展紧密联系起来，以实现政策沟通、设施联通、贸易畅通、资金融通、民心相通"五通"为目标，希望推动沿线国家务实合作，建立政治互信、经济融合、文化互容的利益共同体、责任共同体和命运共同体，最终以大范围区域治理和跨区域治理的方式促进全球治理变革。可以说，"一带一路"倡议是中国积极参与全球治理的伟大尝试，更是中国推动全球治理变革的重要方略。具体来说，"一带一路"倡议对全球治理变革的促进作用体现在以下四个方面：

第一，倡导和引领全球治理新价值。现行的全球治理价值主要由美国等西方国家倡导，越来越不能满足当前全球治理实践的需要，谋求发展的国家也逐渐破除对西方"普世价值"和"华盛顿共识"的迷信，开始探索新的发展道路。在发展议题上，"一带一路"倡议提出了有别于西方国家的价值理念，不着重强调西方国家所谓的"民主""自由"，而是以创新、协调、绿色、开放、共享等理念推动全面发展，尽可能消除全球化带来的负面影响，真正帮助后发国家减少制度性的学习成本，尽快摆脱贫困与落后，最终实现互利共赢、和谐发展。

这种以合作共赢为核心的新型国际关系同全球治理的根本精神相通。一方面，这种新型国际关系符合世界绝大多数国家反对弱肉强食、零和博弈式传统国际关系的夙愿，面对当前国际秩序中存在的问题，努力以更健全更有效率的国际机制促进全球大家庭携手应对日益复杂的全球性问题。另一方面，这种新型国际关系内含的和平发展理念也决定其不会走零和博弈、对抗、冲突的路线，而是重在修补当前国际机制的不足。值得注意的是，在"一带一路"建设中，中国始终坚持开放性与非排他性的原则，不仅深化了中国与沿线国家及地区的合作与开放，也为中国与传统大国构建新型关系提供了机遇。例如，"一带一路"建设拉近了中英关系，2015年中英达成多项合作计划，取得了丰硕的成果。可以说，这种新型国际关系为全球治理体系的变革提供了全新的思路。

第二，构建和设立有效的治理机制。现行的国际贸易、金融、发展等国际合作机制都由美国及其盟友主导创立，发展至今，国家之间、特别是大国之间的利益争夺日趋明显，难以有效应对当前诸多的全球性挑战。"一带一路"建设是中国倡导的全球治理新机制，是实现全球治理新谋划的重要实践。事实上，由少数或单一主权国家主导构建全球治理机制的情况并不罕见。一方面，由于集体行动困境的客观存在，主权国家间很难依靠集体力量构建具体问题领域的全球治理机制，这就需要由一个或少数大国主导，提供治理所需的公共产品。另一方面，由于众多问题领域普遍带有全球性的特点，仅靠少部分国家不可能形成有效治理，可行的方式就是由少数或单一主权国家主导治理议程安排，并建立尽可能纳入更多行为体的全球治理机制，形成大范围的国际合作，进而解决相应的全球性问题。

"一带一路"倡议提出以来，陆续建立了以亚投行、丝路基金等为代表的跨区域乃至全球性的合作机制，为诸多大项目的落地奠定了基础。2017年5月14日至15日召开的"一带一路"国际合作高峰论坛也可以看作是"一带一路"倡议的附属机制。除了多边机制，"一带一路"倡议也不断完善双边机制，且已经取得丰硕成果，如中巴经济走廊建设、雅加达至万隆高铁合作建设、中塔公路二期、中亚天然气管道D线等项目正在加快进行，莫斯科至喀山高铁、中老铁路、中泰铁路、中缅皎漂港等项目建设有序推进，中白工业园全面动工。这些具体的治理机制都有着不同于以往的特点，即不经营势力范围，不进行排他性制度设计，体现了开放包容、合作共赢的理念，只要认同"丝路"精神，各国都是"一带一路"倡议的平等合作伙伴，其目标就是提高一些领域治理机制的效能，推动全球治理体系尽快转型。

第三，以人类命运共同体理念推动国际合作。全球化的深入发展使人类的整体性和利益的共同性日益凸显，国际社会的共同体意识日益强烈。党的十八大以来，党中央正确把握国际形势新变化与全球化发展的新动向，在外交工作上提出了富有创造性、战略性和前瞻性的人类命运共同体理念。人类命运共同体同"一带一路"倡议的精神内核相通，二者都在寻求国际合作的最大公约数，以"结伴而不结盟"的合作形式，引领全球治理的良性变革。

"一带一路"倡议不同于以往霸权秩序下的合作模式，更不是中国版的"马歇尔计划"。它没有任何政治附加，也不存在任何意识形态上的"假想敌"，而是探索"共商、共建、共享"原则指导下的全球治理合作新模式。这一倡议不干预沿线国家内政，尊重各国的发言权与发展路径，更多的是与沿线各国分享发展经验，共担发展机遇与风险，共享发展成果，努力打造开放、包容、均衡的区域经济合作架构，明确塑造命运共同体、利益共同体、责任共同体"三位一体"的目标，不仅展示出中国愿携手沿线国家互联互通、实现互利共赢的合作逻辑，更向世界贡献了探索开放、和平、发展、创新的中国方略。

第四，稳妥、渐进、逐步拓展治理领域和对象。成熟的全球治理机制不能单纯强调整体性、全球性的治理，应从现实可行的领域和问题入手，稳妥、渐进、逐步扩展。因为众多治理主体无法走出集体行动的逻辑，过于宏大的全球治理方案很可能缺乏现实可行性。当前全球气候、环境治理举步维艰的重要原因即在于此。为了避免这一困境，现阶段"一带一路"倡议的治理对象并非涵盖全球，而是采取逐步拓展的跨区域治理方式，先从沿线国家出发，以基础设施建设为起点，利用公路、铁路、港口和机场等运输设施实现互联互通。随着"一带一路"建设的推进，沿线国家的共识必将进一步凝聚，这一倡议也将在欧亚大陆产生辐射效应，进而影响更多区域，纳入更多拥有治理需求的国家与地区，以点带面、从线到片，逐步形成具备强大生命力的跨区域乃至全球性的合作局面。由此而言，"一带一路"倡导的治理模式使相关治理主体可以将有限的治理资源分配到更紧要的治理领域，通过优化现有全球治理对象的构成推动了全球治理的变革。

三、"一带一路"倡议对中国参与全球治理的影响

"一带一路"倡议实施以来，已经实现了从无到有、从点到线、从线到面的全方位发展，其重要作用得到国际社会的认可，联合国决议、亚太经合组织领导人宣言等重要文件都频繁提及"一带一路"倡议的作用与意义。虽然"一带一路"倡议还停留在跨区域国际合作阶段，但顺应了世界发展大势，是中国推动全球治理变革的有益探索，有助于中国从全球治理的参与者转变为全球治理的引领者。

一是提升中国在全球治理体系中的话语权。话语权是全球治理主体对治理行为进行协调的能力及其发挥的作用，是影响全球治理体系形成的重要因素。当前，新兴国家在国际社会中发挥着日益重要的作用，以往由西方国家主导的全球治理体系面临深刻变革。近年来中国整体实力的迅速增长成为世界瞩目的焦点，也大大提升了中国的国际地位，中国有能力也有必要提高自身在全球治理体系中的话语权。特别是国际社会对中国发展还存在诸多疑虑，要求中国承担更多的全球治理责任，中国须采取有效措施，加强软实力建设，积极提供国际公共产品，努力改善国际形象。"一带一路"倡议正是中国增强在全球治理体系中话语权的战略举措，充分表明中国愿意为全球治理的发展承担责任。尽管世界主要国家也提出过类似的战略主张，曾占据国际舆论"阵地"，但这些跨区域合作计划并没有取得良好的治理效果。"一带一路"倡议从沿线国家实际治理需要出发，不以损害他国利益为代价，顺应大多数国家的发展意愿，容易形成优势互补、合作共赢的局面，也易于为民众所接受和认可，可以夯实国际民意基础，营造更为积极友善的国际舆论环境。

二是推动中国进一步参与全球治理机制建设。"一带一路"倡议的重要特征就是中国为建设有效的治理机制提供公共产品，在尊重沿线国家自主选择的基础上，谋求合作发展和经验共享，同时努力削减全球治理机制中的"参与赤字"与"责任赤字"。在坚持中国主导的前提下，"一带一路"的建设过程充分调动了中国与沿线国家及地区的多元治理主体参与治理，尽可能体现各方的治理意愿，有效调节既有全球治理机制的不公平。"一带一路"倡议不是另起炉灶、推倒重来，而是要与既有的机制平台实现战略对接、优势互补，以补充、完善全球治理规则，制定较为一致的治理规范和标准，为全球治理注入新的活力。可以说，"一带一路"倡议的实施过程就是中国展现全球治理机制建设能力的历史进程，这一机制同全球化时代的现实需求相吻合，拥有广阔的发展前景。

三是动员更多社会力量共同参与全球治理。全球治理的发展必然包含更为多元的治理主体，特别是非政府组织将发挥更重要的作用。虽然"一带一路"倡议主要由中国政府主导推动，但其后续发展需要依靠中国及沿线参与国家的政府、社会、市场的共同努力。多元主体的参与是"一带一路"发展的大方向大趋势，由此必将大大加强对民间诉求的回应与关切，最大限度地提高"一带一路"作为全球治理机制的合法性。就中国国内的情况来看，"一带一路"建设为国内东西部地区加速经济整合与平衡发展提供了机遇，也有助于形成区域和产业发展新布局，探索内外联动的一体化发展模式。通过促进国内经济结构转型升级，"一带一路"建设推动了我国经济社会的整体发展，在提升东部沿海地区开放水平的同时，也加快了中西部地区，特别是内陆沿边地区的开放步伐。这一倡议要求国内企业积极参与国际产能合作和战略对接，从而为中国企业"走出去"开辟了新的路径，将进一步提升其参与国际分工与竞争的能力。

四是有效拓展中国参与和引领全球治理的领域。"一带一路"倡议不仅在地理范围上拓展了治理空间，也有助于实现多领域共同治理的目标，助力中国拓展现有全球治理的参与领域。首先，在全球经济与金融方面，"一带一路"沿线国家同中国产业结构互补的特性及其对外国投资的强烈需求，为中国进行跨区域经济治理提供了条件，而亚洲基础设施投资银行和丝路基金不仅为沿线国家提供了投资机会，而且在未来有望发展成为经济与金融有效治理的机构，为更加全面地治理积累经验。

其次，"一带一路"倡议在全球发展治理领域也发挥了积极影响，促进"五通"目标的实现。不同于西方奉行的"华盛顿共识"，"一带一路"倡导新的全球发展治理理念，不设门槛，不干预沿线国内政，以开放的姿态欢迎所有合作伙伴，有利于实现沿线各国多元、自主、平衡、可持续的发展。再次，"一带一路"倡议必然涉及非传统安全治理。"一带一路"沿线有很多民族宗教纷争极其复杂的地区，比如，在中东和中亚地区，恐怖主义、极端主义、民族分裂主义三股势力活动猖獗，地区局势动荡不安。"一带一路"倡议可以有效促进和加强这些沿线国家及地区的安全建设，强化其安全治理能力。但是，"一带一路"建设必须以经贸合作为主，尽可能避开高政治领域及相关安全议题，坚持不干涉沿线国家内政的原则。

综上所述，全球善治是全球治理追求的目标，但是当前全球治理体系的缺陷直接制约着全球治理的成效。"一带一路"倡议作为中国推动全球治理变革的宏伟方略，将从完善价值规范、促进机制建设、探索新的合作模式、逐步拓展治理领域等方面推动现有全球治理体系的变革，不断满足国际社会对全球治理的需求。虽然"一带一路"建设已取得阶段性成果，但目前仍然只是区域和跨区域治理的合作平台，要成为真正的全球性合作平台尚需时日。全球治理体系的变革注定是一项长期、复杂的系统工程。在这一过程中，中国不仅需要与其他国家共享发展经验与发展成果，也要为构建更加公平合理、民主正义的全球治理新体系贡献智慧，推动世界各国实现国家利益与全球利益的兼容共赢。

罗雨泽　国务院发展研究中心对外经济研究部研究员。研究方向为国际经济、产业组织、公司治理等。著有《移动通信革命——产业发展与社会经济影响》（合著）、《兼并、收购和重组》（合译）等。

"一带一路"经济走廊：畅通与繁荣

罗雨泽

六大经济走廊，是"一带一路"的主要走向、区域经济合作网络的重要框架。经过几年的发展，六大经济走廊建设已经有了良好的开端。面对新的国际与区域复杂形势，我们要抓住重点，把握关键，积极稳妥、扎实推进六大经济走廊建设，确保取得成功、见到实效。这不但将为"一带一路"总体建设打开局面，而且有利于消除疑虑、凝聚共识，增进各方信心，汇聚多方资源，为最终实现"一带一路"倡议提出的三个共同体目标奠定坚实基础。

推进经济走廊建设的重要意义

2017年5月，"一带一路"国际合作高峰论坛开幕时我国强调："我们已经确立'一带一路'建设六大经济走廊框架，要扎扎实实向前推进。"经济走廊建设对"一带一路"倡议的推进实施意义重大。

第一，它是"一带一路"倡议尽快落地的重要依托。六大经济走廊中的多数在"一带一路"提出前开始建设，已初见成效，有了一定基础，以此为依托，"一带一路"倡议能够尽快落地。

第二，它是"一带一路"系统建设的切入点。"一带一路"横跨亚非欧三大洲，穿越太平洋、印度洋、大西洋、北冰洋四大洋，合作内容覆盖"五通"（政策沟通、设施联通、贸易畅通、资金融通、民心相通），涉及政治、经济、社会、人文等诸多领域。选择重点方向，以经济走廊建设切入，既可系统推进，也有助于短期内取得实实在在的成果，发挥示范效应、增强各方信心。

第三，它是"一带一路"全面推进的基本支撑框架。六大经济走廊通江达海，通向四面八方，直接连接东欧、中亚、东南亚、南亚，贯通东北亚、中东欧、西欧、西亚、非洲等地，辐射世界其他区域，对外以线连接、以带支撑起整个"一带一路"，对内服务于推进形成全面开放新格局。

第四，它是"一带一路"分区施策的主要载体。"一带一路"涵盖地域范围广、国家数量多，其制度多样，资源特质不同，发展水平不一，与中国经济结构互补性及国际合作关系强弱也存在差异，合作诉求、面临问题也千差万别。分走廊推进，可以提升发展战略契合度和促进政策针对性，排除相互干扰，因廊施策，务实推进"一带一路"建设。

经济走廊建设面临的形势

"一带一路"倡议提出四年多来，中国积极宣传、大力推动，获得国际社会的广泛关注，在贸易保护主义抬头的背景下，成为推动全球化深入发展与国际合作的重要倡议。其影响力和参与度持续提升，各大经济走廊建设逐渐驶入快车道，但也面临诸多挑战。

一是世界经济秩序和全球经济治理正处于重塑期。2008年国际金融危机后，世界经济复苏艰难曲折，结构调整迟缓、内生动力不足，遭遇恐怖主义威胁加剧、贸易保护主义抬头、"逆全球化"风潮，大国地缘博弈激化，国际关系起伏跌宕，多边治理机制运行低效、约束乏力。随着国际格局的深刻演变，全球性问题日益突出，合作机制碎片化加剧，改革和完善全球治理的必要性和紧迫性更加凸显。中国既是世界经济格局变化的主要自变量，也是深受影响的因变量。中国的经济发展和战略走向受全球关注，中国国际合作吸引力上升的同时，"中国威胁论"受众和市场也在扩大，西方一些发达国家把"一带一路"看作中国挑战现有国际秩序的地缘政治工具。

二是沿线国家对"一带一路"经济走廊建设存在分歧。以中蒙俄经济走廊为例，俄罗斯对加强同中国合作充满期待。俄罗斯远东地区是欠发达地区，地广人稀，占其国土面积的77%，而居住的人口仅占20.7%，且远离首都，交通不便，对外资缺乏吸引力，成为俄罗斯发展的难题。俄罗斯希望通过借助中蒙俄经济走廊建设，深度对接中国大市场，同时打开从中国的融资渠道，加快该地区的发展。蒙古国也期待加强合作，但有些担心会流于中俄合作的过境通道。中国部分学者也提出，俄罗斯远东及蒙古国地广人稀，经济发展水平不高，大规模兴建基础设施不具有经济可行性。

三是部分沿线国家政局变动频繁。政局不稳是制约经济走廊建设可持续性的重要因素。"一带一路"沿线国家政体复杂多样，动荡风险较高。沿线国家中，近十年至少出现过一次大规模政治冲突或动乱的国家多达22个。政局不稳对战略和规划对接的时效性影响较大，法律政策连续性较弱，商业风险加大，基础设施建设项目融资成本变高、可行性较差。

四是地缘冲突呈加剧态势。美国出于对中国崛起的战略焦虑，调整了其国家安全战略和国防战略，将中国作为战略竞争对手，中美构建新型大国关系遭遇挑战。中东地区国家众多，关系复杂，各种矛盾交织，地区内冲突不断，较大规模的战争近四十年来几乎未停止过。中东地区的安全与稳定形势直接影响着"中国－中亚－西亚"经济走廊。

六大经济走廊建设存在的问题和困难

六大经济走廊面临既有长期结构性的问题，也有因形势变化带来的新问题。主要归纳如下：

一是部分地区政治社会缺乏稳定性。如"中国－中亚－西亚"经济走廊部分段国家冲突、党派冲突、民族冲突、宗教冲突不断，局部战争频发，政权常有更替，政策稳定性差，恐怖主义活动猖獗，项目投资建设的风险高，使基础设施建设与经贸合作的成本进一步上升，商业营利性变差，加剧了这些地区融资困难与发展困境。

基础设施和民生项目投资不足，发展滞后，民众生活改善无望，又反过来加剧不稳定，使这些地区深陷"动荡贫困"泥潭。

二是一些经济走廊仍存在较为严重的信任赤字。经济走廊倡导的是融发展规划对接、政策协调、标准兼容，集贸易、投资与民心交流为一体的深度合作，需要沿线国家之间高度互信。但在一些地区地缘博弈、零和竞争思维仍根深蒂固，对"一带一路"经济走廊建设的目的仍存在怀疑，经济问题政治化色彩较浓，过度渲染安全威胁的现象较为普遍。在"一方积极推动的、另一方坚决反对"的情况下，达成战略与发展规划对接的难度加大。

三是区域经济合作遭遇挫折。民族主义、孤立主义和贸易投资保护主义抬头，全球化和区域经济一体化遭遇挑战。据 WTO 统计，2016 年，世界贸易组织成员发起的贸易救济调查月均数量达到 2009 年以来的最高点，中国又是遭遇贸易救济调查的重灾区。此外，超越经济发展水平、过度强调高标准的"理论正确"论调也影响到务实合作，对广大发展中国家而言，改善人民生活、解决生存问题仍应以"发展优先"、兼顾多方面平衡为主要政策导向，但过度强调质量标准、生态、劳工保护中的某一方面的观点仍比较流行。

四是经济走廊沿线国家基础设施建设联通协调难度大。基础设施既是各大经济走廊建设的优先领域，也是主要短板，推进难度较大，存在地缘安全顾虑、资金缺口、主权债务依赖和产业安全担心（中国产业垄断和产品倾销）等问题。即使仅从经济发展需要角度考虑，由于经济走廊一般途经多国，不同国家资源特质不同，经济结构和发展水平存在差异，利益分歧协调难度也较高。此外，不同国家对不同类型基础设施建设的优先顺序、对通道走向与布局都有不同的考虑。

五是经济走廊合作存在较多便利化障碍。很多国家针对各大经济走廊的标准体系不完善，质量管理体制差异大，设施水平不对等，计量水平不一致，对接兼容难度大。而中国标准国际认可度不高，中国的国际标准采标率也较低，不到 80%，相当于英法德等发达国家三四十年前的水平，而且更新速度缓慢。经济走廊基础设施建设规划及物流网络设计在缺乏标准相互认可的情况下，达成共识的难度大，规划效率低，即使物理基础设施已经实现连接，仍将面临"软联通"障碍。

六是六大经济走廊缺乏有效的协商机制。六大经济走廊目前尚缺乏统一明确的规划，比如六大经济走廊各自如何定位，总体目标和阶段性目标是什么，建设重点领域和基本路径是什么，如何安排先后顺序，统筹推进的思路是什么，对存在的突出问题如何解决，需要采取的重要举措是什么，均需要通过共同商议和加强联合研究来解决。特别是联合规划，是推进落实"共商、共建、共享"原则的重要体现，需要建立强有力的协调合作机制作支撑。目前国内也尚未建立起比较完善且运行高效的跨部门、跨地区的统筹协调机制。这种分散推进状态，不但无法形成合力，而且可能出现工作重复甚至相互掣肘的现象。

推进六大经济走廊建设的政策建议

统筹推进六大经济走廊建设，需坚持以共同发展为目标，秉持"和平合作、开放包容、互学互鉴、互利共赢"的丝绸之路精神，坚持开放包容理念，遵从"共商、共建、共享"原则。并以此为基础，寻求各方利益契合点和发展战略交集，制定符合沿线各国经济社会发展实际需要和民众诉求又切实可行的发展规划。既确立长远的发展愿景，又尊重客观发展规律，避免拔苗助长、急躁冒进。应遵循以下原则：统筹规划，开放建设；因廊施策，先易后难；政府引领，企业主导；协调联动，智力先行。具体建议如下：

（一）共同研究制定六大经济走廊发展规划

六大经济走廊均在"一带一路"框架下，既相互联系，又各有侧重。经济走廊建设属国际区域经济合作，涉及他国，因此制定规划又须通过共商的方式。建议分三步走制定发展规划：第一步，以经济走廊为单元联合开展基础研究；第二步，以经济走廊为单元邀请相关方政府部门制定所在走廊的发展规划；第三步，召集六大经济走廊代表性国家磋商制定总体发展规划，也可邀请国际组织参与其中。中蒙俄经济走廊已联合制定发展规划，其经验模式可供其他经济走廊借鉴。

（二）加强经济走廊合作机制建设

四年来，依托现有沿线国家参与的区域或此区域合作机制与高层互访，中国与大多数国家就共建"经济走廊"基本达成共识，目前进入落地实施阶段。加快推进"一带一路"建设，亟须完善合作机制，一是分别建立各走廊沿线国之间的协商机制；二是增强与沿线现有区域或次区域合作机制的协调对接；三是根据走廊参与方的特点针对性地增强合作机制建设；四是加强相关部门之间、地方政府之间等各层级合作机制的建设。目前比较紧迫需要建立的机制包括：设施联通协调机制、投融资合作机制、风险联合防控机制以及利益协调与争端解决机制等。

（三）推进标准兼容对接

标准兼容对接是提升走廊经济活动效率的关键。中国应发挥政府、行业协会、企业等多类主体的作用，多双边合作渠道并举，加强对欠发达国家的技术援助，提升其标准应用能力，引领经济走廊标准合作。针对不同经济走廊的重点合作领域，分产业推动国家标准互认。以跨境、边境等国际合作区以及跨境企业项目质检合作为突破口，推动标准互认和新标准制定，"以点带面"推进国家间标准合作。经济走廊标准建设的基本原则应是既适应国际标准发展大方向，又要符合走廊发展的现实需要，即兼顾先进性和务实性。

（四）打造一批示范性项目

选择条件较为成熟的地区与项目先行先试，摸索总结经验，打造示范工程，引领后续发展合作，是中国实现快速稳妥发展的宝贵经验。在六大经济走廊建设中，围绕各走廊核心合作领域，以互利共赢为出发点，选择典型项目，精心设计，稳妥推进，确保成功，既有利于增强各方信心，也可避免走弯路，降低试错成本。项目即使失败，也可把损失控制在可承受的范围内，及时吸取教训，采取措施，避免招致更大损失。

（五）加强中国内部的统筹协调

在中央层面成立跨部门的统筹协调小组，建立跨省区的区域合作机制。各大经济走廊根据主要定位、核心合作领域结合部门职责、地方优势，指定牵头部门与省市，建立考核体系，明确义务，落实责任，开展定期评估，务实推进各经济走廊建设合作。

（六）强化区域合作的公共品提供

依托中方公益性机构，搭建中英文"一带一路"六大经济走廊综合信息服务平台，整合政府、商业协会、企业、金融机构、中介服务机构、研究机构等多方面的政策、项目、服务、典型案例、商业环境和进展情况评估报告等信息，公开发布，供相关方参考。选择区位优越、实力强、研究基础好的高校或机构，设立经济走廊研究院和国别研究中心，支持合作政策制定，培训培育经济走廊建设所需的人才，提升国际交流专业化水平。

殷德生　华东师范大学金融与统计学院副教授、硕士生导师。主要从事国际经济学研究，尤其是贸易与经济增长、贸易与收入分配、区域金融与区域竞争力、金融结构与经济增长的研究。著有《报酬递增、动态比较优势与产业内贸易》《国际经济学》《体制转轨中的区域金融研究》《金融学导论》等。

"一带一路"：潜在增长率空间变化与中国经济动能空间重塑

殷德生

潜在增长率的空间变化与经济动能空间重塑的逻辑

对经济增长的探讨旨在研究一国经济增长的本质特征，这种探讨无外乎两个方面的内容：潜在增长率的大小，以及如何才能达到潜在增长率的增长过程。因此，研究经济动能空间重塑的重点就在于潜在增长率的空间变化。市场改革和经济开放是中国潜在增长的推动力量，潜在增长率维持在高水平的时期基本是改革开放取得重大进展的时期。例如，价格改革的1983–1986年、1992–1995年，以及加入WTO后的2005–2007年，都是潜在增长率两位数增长的典型时期。

党的十八大以来，中国经济进入新常态，潜在增长率增长开始趋缓。而潜在增长率的趋缓有着多方面复杂原因，不仅与世界经济持续低迷有关，而且与要素配置效率下降有关。这意味着中国经济潜在增长的动力处于转换过程之中，经济结构调整成为经济潜在动能增强的重要源泉。从中国省际潜在增长率来看经济周期性波动以及经济运行的长期变化趋势，结果显示：目前省级层面潜在增长率和实际增长率呈下降趋势，各地区的潜在经济增长率在时间上也存在着明显的收敛趋势。

各地区的潜在增长率在空间上则呈现以下特征：一方面，经济潜在增长具有区域传递特征，即从东部沿海地区向中西部地区梯度延伸；另一方面，经济潜在增长出现板块化特征，形成了潜在增长水平相似的地区集聚和区域间异质性凸显并存的格局。中国大部分地区的聚集模式是具有相似发展潜力的地区聚集在一起，即具有高潜在增长率地区聚集在一起的相对较多，具有低潜在增长率地区聚集在一起的有减少的趋势。与此同时，各地区之间的潜在增长异质性越来越明显，具有高增长率的地区与低增长率的地区聚集在一起的不断增多。目前，潜在增长率较高的区域呈沿长江经济带向西延伸趋势，改变了过去潜在增长率较高的区域集中于沿海经济带的格局。

新古典经济增长理论认为，经济增长潜力的衰竭源于规模报酬递减规律。但在现实经济活动中存在着大量的规模报酬递增现象。规模报酬递增是维持经济增长潜力的逻辑，规模报酬递增亦是维持经济增长潜力的核心动力，市场开放是规模报酬递增实现的重要渠道，货物、知识、资本、技术的自由流动是一个国家利用规模报酬递增的必要条件，这些对于中国这样的中等收入国家尤为重要。新增长理论之后，经济学家们进一步认识到规模报酬递增和不完全竞争的作用，使经济理论能更加契合政策制定者的需求。新贸易理论强调，规模经济是比较优势的重要来源。城市是规模报酬递增实现的场所，由于规模报酬递增现象的存在，经济活动日益向城市集中，城市发展的相关政策尤其是城市的规模经济效应在未来将会显得更为重要。

因此，中国经济动能空间重塑需要适时调整区域与城市发展战略以促进规模报酬递增效应的发挥，使经济增长的潜力日益聚焦于地区专业化和创新驱动上。一方面，区域经济发展应该从多元化转向专业化，专业化要依赖于市场规模的扩大且又能充分发挥规模经济的优势。中等收入国家通常经历了经济从不断提高的多样化转向专业化的过程，从重视投资转而重视创新，现在的中国正面临着这种转变。另一方面，区域经济发展必须由投资驱动转向创新驱动，现有的鼓励投资的政策应当让位于鼓励创新企业进入和技术落后企业退出的政策，注重对新技术新产品的研发资助。

我们还要采取合理有效的政策对源于规模报酬递增的经济红利进行公平分配，

以促进经济可持续增长。首先，城市作为经济增长的核心，政府应该采取更多的措施保证城市的活力。如前所述，城市具有规模报酬递增性质，规模经济的重要性又是解释城市发展的关键因素。中国要提高企业竞争力并且追赶世界技术前沿，大城市和城市群就是创新的核心基地。其次，市场开放充分利用了规模经济，同时也带来了技能回报的不平等。中国日益增长的贸易和市场开放对收入分配产生了深刻影响。例如，各种要素所有者是否处在规模报酬递增的产业领域，劳动力是否是熟练工人。因此，政府要尽可能保证在开放经济中将技能回报差价保持在合理水平。源于规模报酬递增的经济红利，应在合理有效的政策下进行再分配以促进经济可持续增长。

"一带一路"建设与中国经济动能的空间重塑

中国经济新动能空间重塑的重要突破口在中西部地区的经济潜能的加速提升，这需要打通中国向西的贸易与投资通道。"一带一路"倡议的实施具有国内的现实依据，即潜在增长率较高的地区沿着长江流域向西扩展，分布在长江经济带，改变了20世纪90年代以来潜在增长率高的地区分布在沿海经济带的格局。目前在中国经济新常态格局下，出现了经济高增长的"西南现象"，贵州、云南、重庆等西部地区呈现经济快速增长态势。"一带一路"不仅有利于助推西部经济动能的释放，而且还会实现中国的地区协调发展、缩小地区收入差距，有利于"一带一路"沿线国家实现包容性增长。

我们选取28个典型国家为样本，将这些国家区分为岛国、多边沿海、单边沿海、内陆国家四种地理形态，样本国家包含发达国家、中等发达国家、发展中国家等各种发展水平的经济体。例如，有日本、澳大利亚、英国这样的岛国，它们四面环海；有美国、加拿大这样的多边沿海国家，岛国和多边沿海国家的要素流动方向呈发散形态；还有巴西这样的单边沿海国家，地理位置上单边沿海，其要素呈单向流动；另外，还有白俄罗斯、吉尔吉斯斯坦这样的内陆国家，要素向外流动通道受阻。从统计数据来看，岛国的基尼系数最低，单边沿海国家的基尼系数最高，而内陆国家的基尼系数要低于多边沿海国家。实证检验结果也证实了这个结论。一个国家沿海方向越少，则该国基尼系数越高，相反，一个国家如果有越多方向的"出海口"，则该国的基尼系数越低。

一个地区的要素收入与其到海岸线的距离呈反比，离海岸线越近，要素回报越高。中国沿海地区城镇化水平高，使得这些地区的城市比内陆城市平均富有一倍。"一带一路"的西向倡议将打造中国对外贸易和投资的新"海岸线"，在中国的经济版图中，改变了原来的只有东部有贸易和投资的"出海口"格局，构造了东西两面都有贸易和投资的"出海口"。这不仅能够提高胡焕庸线西北侧的要素回报，进而吸引要素流入和集聚，而且有利于缩小东西部地区的收入差距，实现地区协调发展。"一带一路"建设要和西部地区的城镇化发展相结合，共同促进要素东西双向流动，缩小东西地区收入差距。同样，"一带一路"贸易与投资通道打通之后，沿线国家也实现了要素双向流动，有利于这些沿线国家要素投资回报提高和地区差距的缩小，实现包容性增长。

西部地区新型城镇化与中国经济动能的空间重塑

中国经济新动能空间重塑还需要中西部地区的新型城镇化，而且"一带一路"建设要和西部地区的新型城镇化有机结合。我国领导人提出的"胡焕庸线怎么突破"，实际上就是中国经济动能空间重塑的关键，"我国 94% 的人口居住在东部 43% 的土地上，但中西部一样也需要城镇化。中国是多民族、广疆域的国家，我们要研究如何打破这个规律，统筹规划、协调发展，让中西部老百姓在家门口也能分享现代化"。

从"六普"数据看，"胡焕庸线"西北壁人口增长，居住带向西延伸。"胡焕庸线"两侧呈现人口向城镇集聚的明显趋势。"胡焕庸线"向西突破的关键，就在于西部城镇化进程以及交通等基础设施建设与互联互通。城镇化率越高的地区城市容纳的人口比例越高。胡线西北壁城市的小地理范围空间效率低，大地理范围的空间效率尚未形成。这意味着西部城镇化的重点在于城市的发展和西部城市群的形成，但西部地区的城镇化要走生态协调发展的新型城镇化。

西部地区要着力完善城镇化体系，优化城镇空间布局，走集约化内涵式的城镇化模式，将集中式城市化道路与分散式城镇化道路有机结合，实现工业化和城镇化的协调发展。依据《国家新型城镇化规划（2014—2020年）》和国家主体功能区规划，基于西部资源禀赋和资源环境承载力，进一步促进要素尤其是劳动要素向大中城市集中。中国目前扁平化的城市体系不仅造成了资源浪费和资源配置效率低下，而且阻碍了全要素生产率提升和发展方式的转变。

对于大中城市而言，要走集中式城市化道路。集中式的城市化又分两种不同的情形：一种是围绕超大型城市的城市化，大城市不仅是推进新型工业化的基础，为服务业发展提供了更广阔的空间，而且比中小城市更能集约和节约使用土地，分担污染治理成本；另一种是中心城市辐射的模式，称为城市群或者都市圈模式。城市群中的城市与城市之间的外部规模效应显著，形成一体化的经济圈。

西部地区城市群发展的重点在于：在保护生态环境的基础上，引导有市场、有效益的劳动密集型产业先向中西部转移，加快产业集群发展和人口集聚，培育发展若干新的中西部城市群；推进国土空间均衡开发，引领区域经济协调发展。内陆中心城市要加大开发开放力度，健全以先进制造业、战略性新兴产业、现代服务业为主的产业体系；区域重要节点城市要完善城市功能，加强协作对接，实现集约发展、联动发展。

对于中小城市和城镇而言，要走分散式城镇化道路。一方面是分布式增长，产生较多的中小城市，大量移民散居其中。引导产业和公共服务资源向资源环境承载力强、发展潜力大的中小城市和县城布局转移，增加中小城市数量；引导市政基础设施、公共服务设施、教育医疗等公共资源配置向中小城市和县城倾斜，提升吸纳农村转移劳动力的能力，增强集聚要素的吸引力。

另一方面，依托大量人口（50万到150万）集聚的县镇，甚至少于50万人口的小型城市。将大城市周边的重点镇发展成为卫星城，大城市的部分功能向卫星城转移；将具有特色资源、区位优势的小城镇，发展成为产业特色鲜明的专业特色镇；将大量的小城镇发展成为服务农村、促进城乡一体化的桥头堡。在小城镇的建设中要突破就城镇论城镇、就农村论农村的"二元分割式"城乡发展思路，着力推进城乡一体化，促进城镇带动农村发展、农村支持城镇发展的良性循环。

经济生态

卢　锋　北京大学国家发展研究院教授、博士生导师。著有《经济学原理（中国版）》《商业世界的经济学观察——管理经济学案例集》《服务外包的经济学分析》《大国追赶的经济学分析——理解中国开放宏观经济（2003-2013）》《搞对价格、管好货币》等。

宏观调控谋稳定、改革突破上台阶

卢　锋

　　改革开放以来，我国经济增长取得举世瞩目的成就，然而过去的 40 年间接近两位数年均增速并非以线性平稳方式得到，而是通过景气繁荣与减速衰退的周期涨落实现。按照某种周期划分方法，40 年间我国宏观经济运行经历四次下行调整与三次景气扩张，大体构成三个半完整周期。目前经济运行保持稳中有进态势，然而从大的周期转换背景看，处于最近一轮较长下行调整期的底部。

　　回顾 40 年发展历程，两方面相互配合的力量和机制，对中国经济成长奇迹的实现，发挥了基本性的保障和促成作用。

　　一是"宏观调控谋稳定"。就是决策层因应特定时点和短期阶段的经济形势特点相机抉择进行调控：在宏观经济出现过热通胀时紧缩调控，在经济面临疲软衰退压力时实施提振扩大需求措施。伴随相关实践深化和经验积累，决策层提出宏观调控理论性命题，并逐步建构和加强宏调政策架构。从过去几十年转型期具体情况看，这种逆周期宏观政策增长针对过热通胀治理调控内容尤其突出。

　　例如 20 世纪 70 年代末期之后国民经济出现快速增长形势，然而政策扩张过度导致国民经济面临宏观失衡问题。1979 年决策层转而接受国民经济"调整、改革、巩固、提高"方针，实施明显带有宏观紧缩含义的调控政策。1981 年经济增速下滑到 5.2%，以此为代价宏观失衡因素得到阶段性化解。

到 20 世纪 80 年代中期，学界和决策层有关宏观经济和政策取向意见出现分歧。当时有关货币、金融、宏观数据统计和分析手段还处于初步发展阶段，人们对如何看待转型期通胀经验不足，导致特定阶段治理通胀政策的力度和果断性不够，甚至一度出现治理通胀政策在某种程度上的犹豫和反复。1988 年夏秋季抢购挤兑风潮爆发提示危机风险，不得不采用代价更大的强势措施控制局面。

在总结 20 世纪 80 年代实践经验教训的基础上，90 年代学界和决策层宏调自觉性显著提升。针对 20 世纪 90 年代初宏观经济再次增长过热，消费物价指数涨幅一度上冲到超过 20% 严重通胀形势，决策层果断实施组合紧缩政策，同时在调控方式上注意避免"一刀切"，结果取得宏观经济阶段性"软着陆"成果。新世纪初年开放经济扩张再次引入通胀压力，2007 年下半年和 2010 年年底再次实施紧缩"宏调"。

逆周期"宏调"自然也包含在经济不景气时实施积极扩张政策。不过由于种种原因，我国改革开放时代比较自觉和成系统地实施扩张性"宏调"政策，要延后到 20 世纪 90 年代末才开始。2008 年底推出四万亿一揽子刺激措施，是迄今为止最大力度的扩张"宏调"政策。近年稳增长取向政策也具有积极"宏调"含义。

总起来看，虽然中国特色宽泛化宏观调控在如何与市场规则更好地兼容方面仍存在需反思改进的问题，改革时期"宏调"政策提出和推进构成经济体制转型的重要内容，对确保在经济起飞阶段把宏观经济波动限制在可控有序范围发挥了不可或缺的积极作用。

二是"改革突破上台阶"。就是坚持问题导向，根据哪儿短缺改哪儿、哪儿扭曲改哪儿的务实方针，在经济下行调整阶段，针对特定时期束缚经济增长体制、障碍实施市场化取向改革，或者为更充分地发挥上一轮景气扩张阶段引入的重大改革政策持续发力创造现实条件，通过改革创新阶段性提升供给侧潜在增长能力，推动宏观经济运行进入新一轮内生较快增长的景气扩张阶段。如果说宏观调控主要贡献是保持宏观经济稳定，市场化取向改革创新则为经济成长迈上新台阶提供动力。

这个规律性现象在改革初期就以始料未及的方式凸显出来。按照 1980 年底决策层计划安排，本来国民经济调整从 1981 年开始还要持续实施三年，因而高层把

1981年工业增速目标下调到3%，"六五"（1980—1985）期间年均增速目标被压倒"保四争五"的较低水平。不过实际形势发展与预期反差较大：随着宏观失衡因素基本化解后，当时大力推进的解放思想、包产到户、特区探索、个体经济等改革开放系统破冰举措组合发力，潜在增长率爆发性提升伴随1982年后展开势不可挡的高增长，计划经济时代难以解决的国民贫困和吃饱饭问题很快展现出现实解决途径。

20世纪90年代前中期第二次思想解放和确立市场经济体制的系统改革突破，加上20世纪80年代后期改革开放重大举措效果进一步释放，成功推动企业制度和市场体制建设取得实质性进展。新一轮大规模城市化浪潮推进产业与技术结构提升，伴随宏观经济出现1991—1995年新一轮内生景气增长，使得十亿多国民低水平温饱问题得以普遍解决，沿海发达地区和大中城市居民生活开始快速奔小康。

世纪之交决策层以"三个代表"理论突破作为意识形态支持，在宏观经济第一次面临通货紧缩的不景气时期，以极大勇气力推国企、金融、住房关键领域改革突破，并通过设计与实施入世战略实现对外开放新突破。"三突破"体制创新为新一轮经济腾飞的到来奠定基础，新世纪头十年开放型经济内生高增长，伴随人民币汇率实际升值趋势展开和全球竞争力大幅提升，推动中国经济快速迈上"中等偏上收入"新台阶。

新世纪初年经济高速扩张也积累了宏观失衡因素，2010年底退出大规模刺激后宏观周期调整规律再次发挥作用，此后经济经历较长调整期，目前仍处于最近一轮调整期低谷。以过往40年作为时间观察窗口，本轮调整期"宏观调控谋稳定"举措成效比较彰显，"改革突破上台阶"效应仍有待充分释放。

就"宏观调控谋稳定"而言，党的十八大以后提出"三期叠加"和"新常态"形势判断，大力实施供给侧结构性改革政策。适应潜在经济增速回落形势适度调低增长预期，通过去产能、去库存、去杠杆等措施主动对经济失衡因素进行调整，同时实施积极财政和投资政策把经济运行稳定在中高速水平。在潜在增速回落、结构深度转变、化解刺激失衡等多重因素叠加复杂形势下，通过实施适当宏调政策保证调整期经济大体平稳，显示宏观调控能力提升。

在"改革突破上台阶"方面，决策层一直明确坚持改革开放方针，新世纪初年尤其在建立社保体制和完善民生体制改革方面取得重大进展，在金融等领域市场化改革方面也取得重要进展。党的十八大后高层更加重视推进改革，十八届三中、四中全会决定描绘经济体制与法治改革蓝图产生振奋人心效果。2013 年 12 月中央"深改组"成立，到 2017 年 10 月共召开 38 次会议，审议 200 多个相关文件，破解了经济、社会、国防诸多领域改革难题。然而由于一段时期深化改革面多、较多阻力、欠账较多，关键领域改革仍有待进一步突破。

围绕贯彻落实十八届三中全会改革决定，结合我国体制转型和经济发展现实，近年学界对新时期现实必要改革议题提出大量讨论意见和建议。例如改革行政垄断供地体制，降低地价房价，有序释放相关领域增长潜力；调整税制，降低企业税负和宏观税负以拓宽民间经济发展空间；加快改革户口管制和城市规划体制以促进城市集聚效应更好地推动经济增长；深化改革赋予民企体制性平等地位，更充分激发经济活力；进一步解放思想，改进完善意识形态与改革开放实践个别不相适应因素等等。这些都可能对经济长期发展产生显著的积极影响。

2018 年最引人注目的改革议题，可能是如何进一步赋予民营企业体制性平等地位问题。改革前民营经济近于零，目前在国民经济中占据"五六七八九"的地位。40 年发展经验显示：稳定靠国企、增量主要靠民企；托底靠国企、创新主要靠民企。实事求是解放思想，冲破传统意识形态束缚，给民营企业挣得合法空间，是实现改革开放时代经济发展奇迹的重要驱动和保障力量。目前对民企在法律、体制、政策上仍有系统性区别待遇，有必要继续坚持"三个有利于"标准，进一步解放思想、深化改革，赋予民营企业体制性平等地位。

首先，要加快落实民企市场准入平等地位。这是讲了很多年的问题，近年也出台了不少改进政策，然而现实情况与市场准入平等地位仍有较大差距。例如观察近年国企与民企利润来源的行业部门分布，可见一个耐人寻味的现象，就是国企利润贡献最大的前六个部门（2015 年提供国企整体 85% 以上利润），与民企创造利润最大的前六大部门（利润贡献率为 43%），二者之间没有一个交集。这从一个侧面显示现实经济生活中民企仍面临相当程度市场准入壁垒，同时也提示新时期国企经营状况好转虽得益于国企改革成功及其治理结构改进，然而相当程度上仍依赖于垄断和半垄断体制和政策保护作用。

其次，要在法治基础上提升保护民营经济产权有效性。有恒产者有恒心，无恒产者无恒心；完善产权保护对矫正并稳定社会预期并激发增长活力具有重要作用。改革开放阶段性成功重要原因之一，是协同推进产权制度改革和市场化改革。然而一段时期内，民营经济发展环境出现某些不利变化，一些地方民企面临选择性执法、乱摊派和强要捐赠等多方面风险，少数地方甚至出现公权力剥夺民营企业财产案例。产权保护不完善影响长期预期，我国民间投资增速从 2011 年 34% 降到 2016 年低谷 3.2%。针对这一形势，中央 2016 年出台了《关于完善产权保护制度依法保护产权的意见》，从十个方面提出具体改革措施，随后最高法也发布相关法律实施意见，这些举措具有重要积极意义。然而我国转型期尊重保护产权是一项长期的艰巨任务，中央完善保护民营经济产权方针政策真正落地仍需持久努力。

再次，需探讨如何通过特定程序赋予民营经济平等的法律地位。我国民营经济从早年被看作"阶级异己力量"，到改革初期被接受为社会主义经济的"必要补充"，后来进一步被肯定为"重要组成部分"，其体制地位发生巨大变化，推动了改革开放时代经济社会发展。然而依据我国目前法律框架，民营经济与国有经济比较仍有明显的不同待遇：国有经济是国民经济主导力量，国家"巩固和发展"国有经济；民营经济受到"鼓励、支持和引导"，同时接受"监督和管理"。应肯定现行民企和民营经济地位法律表述代表了历史进步，然而从完善现代市场经济体系和现代治理体系需要看，依据企业所有制类型决定政策方针取向是否适当，需反思改进。笔者个人认为，需进一步超越企业所有制属于制度本质认识，依据所有制中性立场赋予民营经济平等法律地位，最终把两个毫不动摇调整提升为一个毫不动摇：毫不动摇地保护中国企业产权，支持中国企业创新发展。

最后，需进一步解放思想，改进完善现行意识形态个别与改革开放实践要求不相适应的因素。意识形态是制度性交易成本的重要内容，中国特色社会主义理论的创建发展，重要贡献之一是一次又一次解放思想、突破传统意识形态某些重要命题，否则不可能有 40 年经济探索与社会发展成就。然而与时俱进地继续完善意识形态仍具有重要现实意义。例如，2018 年出现一个新现象，就是一篇主张消灭私有制的学者文章，甚或一篇提出民营经济应退场的网络短文，就能在社会上引发议论和轩然大波，影响非常之大。出现这个看似奇怪的现象，不是因为这些引发争议的文字本身有什么高明之处，而是我们转型期意识形态仍有个别不适应改革开放实践深入推进的内容，这些因素通过意识形态特有的"场域"效应影响社会心理，导致个别舆情甚至一点网络噪音也能产生超级放大的看似怪异的效果。这从反面显示，进一步改进完善主流意识形态个别不适应改革开放实践的因素，是推进我国改革创新和走向现代化面临的亟待回应的挑战性任务之一。

我想说的基本意思是，对我国改革开放时代经济奇迹般增长，或许可以从"宏观调控谋稳定"和"改革突破上台阶"两个视角加以探讨认识。从这个规律性现象观察，目前我国宏观经济处在改革时代第四轮下行调整期的低谷，也处在新中国历史上最长下行调整期的低谷。从"改革突破上台阶"规律看，目前短期经济困难形势客观上蕴含重要现实发展机遇。我们如能在减税降负、土地流转、户口管制、城市化规划、民企待遇等问题上果断推进改革，并与扩大开放政策组合发力，定能推动中国经济迎来新景气和迈上新台阶。这无疑将有利于实现党的十九大加快现代化的目标，也将为我国应对外部环境变化赢得更大主动。

陈　剑　中国经济体制改革研究会副会长，北京改革和发展研究会会长，北京社会主义学院副院长、研究员。

民营经济发展要有平等的市场环境

陈　剑

民营企业座谈会以来，相关部门出台了一系列政策措施落实座谈会讲话精神，令人振奋。可以相信，在今后一段时间，民营经济遇到的矛盾和困难会有所缓解。影响民营经济持续健康发展的因素，既有短期因素，更有一些长期因素。推动民营经济发展，需要健全和完善一个清晰而可预期的平等的、法治的市场环境。

要消除所有制歧视

2018年是中国改革开放40周年。40年前中国为什么要实行改革开放？一个重要原因是，原有的高度集中的计划经济模式很难再继续下去。中国的改革开放从边缘起步，按照美国经济学家罗纳德·科斯对边缘经济的描述：饥荒中的农民发明了承包制，乡镇企业引进了农村工业化，个体户打开了城市私营经济之门，经济特区吸纳外商直接投资，开启劳动力市场。民营经济由点到面，逐步成为中国经济最具有活力的内容。

但在很多人心目中，公有制才是社会主义正宗，发展民营经济，不过是权宜之计。这样一种意识根深蒂固，并影响至今。虽然党的十六大就提出毫不动摇地巩固和发展公有制经济，毫不动摇地鼓励、支持和引导非公有制经济发展，但在现实生活中，后一个"毫不动摇"在实际生活中并没有完全到位。

要让民营经济能够有清晰、可预期发展，消除对民营经济所有制歧视至关重要。这其中重要的一条就是，要为非公有制经济发展建立平等的、法治的市场环境。如果不能够创造平等、法治的市场环境，现实生活中要消除对民营经济所有制的歧视是不现实的。

创建公平竞争的市场环境

市场经济的公平性，强调竞争的有效性和不同产权主体之间的平等地位。如果市场公平不能够得以实现，产权主体之间的平等地位不能够确保，市场活力也难以得到很好的释放。

当下民营经济在发展进程中受到的不公平待遇，较为明显的有以下情形：一是不公平准入，有些领域对外开放了，但对民营企业没有开放，仍然是国有企业高度垄断。国有企业仍然支配着主要经济资源。有些领域名义上对民企开放了，但民企进入步履维艰，困难重重，实际并没有真正开放。二是政府给国企很高的财政补贴，使国企在诸多领域能够长驱直入，包括民营经济在内的其他类型所有制企业难以实现公平竞争。三是政府运用的各种经济手段，具有明显倾斜性。例如利用价格手段维系能源、交通、通讯等基础产品和服务价格，强化提高这些国企的盈利水平，但却影响了民营企业和其他所有制企业的健康发展。

此外，各级政府官员由于掌握着过大的自由裁量权，他们通过直接审批投资项目、对市场准入广泛设立行政许可、对价格进行管制等手段，直接对企业和微观经济活动进行频繁干预，使民营经济正常发展受到影响。民营企业在平等保护产权、平等参与市场竞争、平等使用生产要素等方面还有很大差距。

要创造公平竞争环境，政府各项权力必须严格限定在法制轨道上，只有政府权力不任性，市场才有可能真正成为整个社会经济联系的纽带，真正成为资源配置的主要方式。

在推进民营经济发展上，目前问题是政府行政主管部门职能缺位、错位、越位现象严重，导致了行政审批门槛多、公共服务不到位、权力行使不规范，对民营经济发展诸多政策落实不到位。要创造公平竞争环境，政府部门需要与"放管服"改革工作相结合，持续深入在简环节、优流程、转作风、提效能方面发力，进而打破各种各样的"卷帘门""玻璃门""旋转门"，提供市场准入、审批许可、经营运行、招投标、军民融合等有利于推进民营经济发展的内容。

创建法治化的市场环境

民营经济要发展，民营经济的合法权益应得到充分的保护，包括财产权和人身安全都应得到有效保护，因而，创建法治化的市场环境比以往任何时候都重要。

创建法治化的市场环境，必须保障各类所有制市场主体的合法权利。党的十八届四中全会提出要健全以公平为核心原则的产权保护制度，加强对各种所有制经济组织和自然人财产权的保护，清理有违公平的法律法规条款，其核心内容就是为了更好地实现各种所有制经济依法平等使用生产要素、公平参与市场竞争、同等受到法律保护。

创建法治化的市场环境，必须坚持"法定职责必须为、法无授权不可为"，应当向社会全面公开行政执法部门权责清单，切实防止一些部门在执法中对民营企业采取侵犯公民财产和人身安全的行为。

创建法治化的市场环境，政法部门责无旁贷，责任重大。市场经济是法治经济，民营经济的发展壮大离不开强有力的法治保障。政府部门主动为民营企业提供优质服务，本身是依法治国的内在要求。需要司法机关在法律框架内最大限度地保护民营企业合法权益，依法维护市场秩序和公平正义，最大限度地稳定社会预期。

创建法治化的市场环境，关键的是让民营企业和内资、外资展开公平公正、合法合规的竞争。这其中，法院积极发挥审判职能引导市场取向显得尤其必要。例如，一些资源性、基础性的领域出现垄断现象，由此产生了市场的不公平。应当要加强反垄断案件审理，依法制止占有市场支配地位的市场主体滥用垄断地位。

创建法治化的市场环境，需要完善产权保护等制度。这其中，需要严格界定企业家个人的财产和企业的财产，应当将企业家的个人破产和企业破产区分开来，扩大破产法的适用范围，确立个人破产制度。

创建法治化的市场环境，加强对公权力的监督十分重要。使政府各项权力严格限定在法制轨道上，市场才有可能真正成为资源配置的主要方式。从近年来处理的诸多腐败现象可以看出，公权力机关一旦违法插手经济活动，严重的会影响企业的经营活动甚至导致企业破产，影响经济持续健康发展。因此，司法部门在处理经济案件时，应进一步细化公权力介入经济纠纷的实体条件和程序条件，进一步完善外部监督制约机制，让公权力不能"任性"。

创建有利于民营经济的微观环境

推动民营经济发展，除了创造平等、法治的市场环境，还要创造有利于民营经济发展的微观环境。主要包括以下两个方面：

第一，制定营商环境评价考核指标体系。

世界银行《2019年营商环境报告》说明，中国过去一年为中小企业改善营商环境，其全球排名从上期的第78位跃升至第46位，这说明中国在营商环境改善方面取得了很大进步。但同时也说明我国营商环境还有很大改进空间。

我国目前营商环境存在的问题主要有：一是政策随意性大，便利化措施推进缓慢。不同区域政策不一致，同一区域政策由于"人换了一茬又一茬"，口径也随时发生变化，直接影响了政府的诚信；二是政策可预期性不强。诸多政策存在不稳定性和不确定性，随着领导任期的变化而变化。一些地方政策法规出台之前没有广泛征求企业的意见，不接地气，且朝令夕改。

推进营商环境改善意义重大。建议制定各地营商环境评价考核指标体系，如果考核指标体系较为完善，一个地方营商环境改善，应当作为党政部门重要的政绩考核指标之一。

第二，纠正侵害企业产权的错案冤案。

保护产权意义在于，给企业家明确清晰的预期。对民营企业经营中的一般违法行为，动用查封、扣押、冻结等措施，不利于民营经济健康发展，也不利于中国经济持续发展。即使对民营企业采用上述措施，也应当严格区分个人财产和企业法人财产、违法所得和合法财产、涉案人员个人财产和家庭成员财产，结案后及时解封、解冻非涉案财物。

　　企业产权冤假错案的形成原因，既有立法层面的问题，又有执法层面的问题，需要在司法实践中予以修正。在立法层面，我国法律中存在因所有制主体身份不同而同罪异罚或异罪同罚的现象。在执法层面，打黑扩大化是民企经营发展的风险之一，即将正常企业中个别犯罪行为上升为"为了犯罪而组建犯罪基地"等。目前，一些侵害企业产权的错案冤案影响深远。尽快纠正那些侵害企业产权的错案冤案，对营造良好的法治环境发挥示范和积极的推动作用。尽快纠正影响重大的错案冤案，有利于重振人们信心，有利于民营经济摆脱困境，释放活力。

金 碚 中国社会科学院学部委员,中国社会科学院研究生院教授、博士生导师,中国社会科学院工业经济研究所研究员。著有《发展中国家经济发展战略》《国外经济增长比较研究》《中国工业化经济分析》《何去何从——当代中国的国有企业》等。

环保与扶贫是中国经济增长新秘方

金 碚

进入新时代,贯彻新发展理念的重要体现之一:既要继续解放和发展社会生产力,又要保护好生态环境,还要坚决打赢脱贫攻坚战,让贫困人口和贫困地区同全国一道进入全面小康社会。在统筹推进环境保护、精准扶贫和经济增长方面,中国理念具有先进性,中国实践具有开创性。可以说,环保和扶贫是中国经济增长的新秘方,发挥着助推创新驱动发展的积极作用,为中国跨越"中等收入陷阱"提供了重要保障。

环境保护:调整产业、提升技术、激励创新

随着中国特色社会主义进入新时代,在新发展理念的引领下,我国政策目标体系中环境保护的重要性显著提升,环境大保护比经济大开发更具政策次序上的优先性——既要金山银山,又要绿水青山;宁要绿水青山,不要金山银山。但是,也绝不可因此就认为保护环境必须牺牲经济增长。其实,如果没有经济增长,没有工业化的推进,环境是不可能得到长期有效保护的。例如,如果没有现代能源工业,人们就不得不上山砍柴,这怎么能保持绿水青山?如果没有以强大工业为基础的国土整治能力,怎么能有良好的生态环境和源流水利?反之,如果严重破坏生态环境,

也就不能实现可持续发展。因此，强调环境的重要性，绝不是不要经济增长，而恰恰是为了实现长期可持续的经济增长。只要协调好环境保护和经济增长的关系，就能进入"经济持续增长—优化环境能力增强—环境质量提高—经济持续增长"的良性循环。协调二者关系的关键是摒弃环境保护与经济增长非此即彼、不可兼得的落后观念，坚持新发展理念，在加大环境保护力度的同时，使环境保护有利于调整产业、提升技术、激励创新。

从调整产业看，应按照生产和消费清洁化的要求调整优化产业结构。这不是要抑制产业发展，更不是要以"零增长"来消极保护环境，而是让不符合环保要求的企业限产停产以至关闭，让环境友好型产业和企业获得更大发展空间，从而在整体上促进经济增长和高质量发展。经济发展史表明，正是不断提升和优化产业结构，才有效利用和节约了人类发展的最重要资源——土地和水源。否则，初始的自然资源根本不可能为数十亿人口提供生存条件。

从提升技术看，保护和改善环境的基本方向是要以更先进的技术特别是环境友好型技术来实现经济增长和高质量发展。环境友好型产业和环保产业具有巨大增长空间，可以形成前景广阔的产业链和循环经济体系。各种科学成果和高新技术在环保领域的运用和发展，将改造提升传统产业，推动形成新兴产业，促进经济强劲增长。

从激励创新看，提高环境保护标准能激励企业进行技术创新和管理创新，提高资源利用效率。在我国的实践中可以看到，节能减排要求的逐步提高并没有损害产业（包括资源型产业）的发展，而是促使其提升技术或转变技术路线。环保政策的创新激励效应越来越显著。环境保护所激发的创新浪潮和科技应用，是促进我国经济从高速增长阶段转向高质量发展阶段的一个非常积极的因素。

精准扶贫：激活基层、启发民智、拓展市场

我国的实践证明，精准扶贫、精准脱贫对经济增长具有积极作用。扶贫脱贫战略的实施，强有力地将经济活动的动能推向基层，渗透到经济体的"毛细血管"和"细胞"中，特别是有效地激活了经济发展长期滞后的"老、少、边、穷"地区的创造性经济活动，使之摆脱低收入恶性循环，形成新的生产能力。

还应看到，扶贫过程不仅是物质交流，更是思想交流，可以极大地启发民智，促使贫困地区和贫困群众树立现代观念、产生创新灵感，较快形成新的生产力。笔者曾考察过一个地区，一家企业为了推动电子商务向广大农村腹地延伸，连续在此举办互联网运用和电子商务培训班，很快形成了地区性创业热潮，使一个经济相对落后的地区变为开展电子商务的特色地区。这个地区的诸多电商将本地产品卖到全国和境外，大大提高了当地投资吸引力，促进了规模化生产。还有一些地方，电子商务向农村下沉，不仅激活本地传统产业，而且带动各种生产性服务业（如工业设计、视频摄制、软件编程、传媒广告、仓储物流、包装保鲜、金融服务等）同当地产业合作，激发和促进原有的"草根产业"发展成为产品行销全国以至世界的大产业，使整个地区走上创新脱贫之路。可以说，只要有效启发民智，就有可能使一些贫困地区成为经济发展的宝地，形成特色经济增长极。

扶贫对经济增长的另一个积极作用就是拓展市场空间。实现更大的包容性是现代经济持续发展的必要条件，也是现代化经济体系的基本特征之一。而经济包容性的主要表现之一就是广大人民群众充分就业和有购买力的需求不断增长。精准扶贫、精准脱贫的深入推进，能大大增加贫困人口的就业机会和收入，进而大大增强经济体系的包容性。可以说，每实现一个贫困户脱贫，就是增加一块有效需求的"蛋糕"，经济发展也就相应扩大一份新空间。

措施到位：优化供给、扩大需求、互促共进

从国家治理角度看，环境保护和精准扶贫在国家政策目标优先次序中的地位提升，实际上改变和优化了企业决策的选择环境，从而增强了环境保护、精准扶贫和经济增长之间的相容性。选择环境的安排既是一种约束条件，也是一种路径指引。在当前新的选择环境中，企业必须更加注重提高供给质量和技术路线的先进性，更加注重将先进技术和经营活动下沉到经济相对落后的贫困地区，使更多传统产业和传统技艺同先进技术特别是互联网接轨和融合。对连片贫困地区进行创新性援助和点对点帮扶，将环保、扶贫与革新创造相结合，特别是进行制度创新，使"输血"机制转变为"造血"机制，既能显著改善环境、提高农民收入，又能促进经济增长

和高质量发展，吸引劳动者回乡就业创业。同时，进行扶贫的企业自身也能拓展业务范围和市场空间，得到更大发展。

在实践中，不仅有众多具体案例可以表明环境保护、精准扶贫和经济增长之间的相容性，而且从统计数据也可以看到，一些人均收入水平较低的地区近年来已成为经济增长较快的地区，而且这些地区深刻吸取其他地区的经验教训，非常注重高标准环保，更好地体现了"绿水青山就是金山银山"的地区优势。总之，中国丰富的实践表明：只要政策得当、措施到位，环境保护、精准扶贫和经济增长就能形成相互有效助推和激励相容的关系。其中的关键是必须由创新来引领，靠创新驱动使三者形成良性互动关系。

要真正实现环境保护、精准扶贫和经济增长互促共进，需要进行创造性的制度设计和政策安排，形成具有激励效应的体制机制，通俗地说就是"要把激励搞对"。只有在制度设计和政策安排上搞对激励方向，才能形成创新驱动局面，环境保护、精准扶贫和经济增长才能实现目标相容和行为相容。这样，鼓励环保、支持脱贫同促进经济增长的努力就能相互协调和方向一致，汇合成为跨越"中等收入陷阱"的强大力量。

魏际刚　　国务院发展研究中心产业经济研究部研究员、博士生导师。著有《迈向物流强国——中国物流业中长期发展战略》《物流经济分析》《中国医药体制改革与发展》《中国与全球资源治理》等。

推进中国新工业革命的战略构想

魏际刚

以数字化、网络化、智能化、绿色化为核心特征的新工业革命，正全面突破人类自身能力局限与资源环境瓶颈，大大增强了可持续发展的能力。中国要把握新工业革命的战略机遇，可采取"一主多翼、统筹兼顾；创新引领、混合驱动；共利共享、跨界融合；安全可控、生态绿色；以我为主、包容并蓄"的发展战略。

大量新的思想、技术、工艺、产品、服务、要素、设施、组织、模式、市场应运而生，不仅对各次产业、资源配置、生产流通、生活消费、工作学习、文化思维等带来重大影响，也深刻地改变着人与人、人与物、物与物的关系，改变着世界的格局。中国是世界性大国，具有完整的工业体系，实现了对发达国家在数量上的追赶，但远未实现在质量、技术、效率、创新、竞争力和知识等追赶。中国要构建现代化经济体系，建成现代化强国，必须深度参与甚至引领一次新的工业革命。当前，新工业革命与中华民族伟大复兴历史性地交汇，如何牢牢把握时代之机，研究制定新工业革命战略，全面引领产业变革，是当代中国的一项重大课题。

中国新工业革命的战略定位与战略目标

（一）战略定位

从新工业革命在中国发展进程中的定位看，新工业革命是中国实现富强、民主、文明与和谐、美丽的社会主义现代化强国的战略基石。从中国在全球新工业革命中的定位看，中国是全球新工业革命的重要推动者、深度参与者、主要践行者、重大领域引领者。

（二）战略目标

总体目标：中国成为世界领先的产业强国，形成完善、发达、强大的现代化经济体系。

阶段性目标如下：

近中期目标（2018—2025 年）：通过 7 年努力，到 2025 年，融现代农业、现代制造业、新兴产业、现代服务业为一体的现代化产业体系建设取得较大进展。集约发展、质量发展、智慧发展、创新发展、开放发展、共享发展、绿色发展取得重大进展。关键技术、装备与核心部件自主化取得重大突破。新兴产业大规模发展，传统产业改造提升与下一代基础设施体系建设取得重大进展。新生产要素瓶颈制约基本消除。

中长期目标（2025—2035 年）。通过 10 年努力，到 2035 年，基本形成现代产业体系。各类产业全面实现了数字化改造，形成基于传统生产要素与新生产要素有机结合的新竞争优势。制造业整体步入世界强国行列，拥有一大批在新经济领域的世界级企业集团。新技术体系全面形成，自动化、数字化、智能化、柔性化生产方式大规模应用与普及。下一代基础设施体系全面建成。新生产要素供给充分。

远期目标（2035—2050 年）。再通过 15 年的努力，到 2050 年，形成完善、强大、智能、绿色的现代产业体系。产业结构合理，产业发展方式高效、集约、智慧、绿色、安全；中国成为世界领先的制造强国、服务强国、全球最大的创新发源地、全球新经济的领跑者；各类产业实现高质量发展；新技术体系、下一代基础设施体系完善、发达。新生产要素高质供给高效配置。

中国新工业革命的战略思路

牢牢把握时代发展潮流，紧紧扣住国情和实际，从国家战略、市场需求、国际分工与产业演化规律来明确发展方向，从现有基础和优劣势决定突破领域，从长远未来部署前沿技术、前沿产业，以数字化、网络化、智能化、绿色化为主线，通过营造优质发展环境，激发各类主体活力，推进"质量革命、成本革命、数字革命、网络革命、智慧革命、制造革命、服务革命、能源革命、交通革命、生物革命、材料革命、绿色革命"，走出一条具有中国特色的新工业革命道路。实施"一主多翼、统筹兼顾；创新引领、混合驱动；共利共享、跨界融合；安全可控、生态绿色；以我为主、包容并蓄"的发展战略。

"一主多翼、统筹兼顾"。这是新工业革命推进方向的战略。推进新工业革命要紧紧围绕"数字化、网络化、智能化"这一主攻方向，大力发展下一代信息网络技术、高端制造、新材料、生物、新能源、节能环保产业。处理好新兴产业与传统产业、虚拟经济与实体经济、生产与流通、技术与商业、生产与生活、经济与社会、产业与城市、产业与金融、海（海洋经济）陆（陆地经济）空（航天经济）、近期与远期的关系。以新带旧，化旧为新。统筹不同企业发展，大企业带动中小企业，中小企业为大企业做好配套。统筹不同地区发展，发达地区与欠发达地区有效分工合作。

"创新引领、混合驱动"。这是新工业革命动力方面的战略。新工业革命的本质特征在于"新"，要以新的理念、技术、产品、服务、模式来予以推进。同时，考虑到不同地区、不同产业、不同企业多种生产力水平与多种发展阶段并存的实际，须综合运用要素、投资、创新及结构调整等多种动力，实施"创新＋要素＋投资＋结构调整"的混合驱动。需要创新驱动的一定要创新驱动，需要要素与投资驱动的实施高效的要素与投资驱动，需要结构调整的就进行结构调整。创新驱动，也要认真分析创新层次、类型和水平，找到切实可行的创新路径。

"共利共享、跨界融合"。这是新工业革命资源配置方面的战略。推动企业、资源、要素在共利基础上的互联互通与共享；推动基础设施互联互通，物物相联，服务相联，人、物、服务相联；推动下一代信息网络技术与制造融合，推动数字世界与物理世界融合；推动要素、科学、知识的跨界融合；推动技术创新与商业模式创新的融合；推动企业之间联动发展，产业链、产业间的互联发展，构建产业生态体系。

"安全可控、生态绿色"。这是新工业革命推动中国安全发展、绿色发展方面的战略。树立大安全理念，确保产业安全与供应链安全，确保核心技术关键部件自主可控。确保生态安全、环境安全。将生态和环境标准作为产业发展的引导性、约束性指标，并贯穿于产业发展全过程。

"以我为主、包容并蓄"。这是新工业革命从国际科技与产业竞争的现实角度考虑的战略。中国现在和将来仍会面临西方国家不同层面、不同领域的遏制，推动新工业革命主要依靠中国自身，汇聚人民的智慧，但一定要在开放中进步和发展，虚心学习世界各国先进的知识、技术与经验，海纳百川、博采众长。

中国新工业革命的战略路径与推进步骤

（一）战略路径

推进新工业革命既非单一的技术路径，也非单一的创新路径或质量提升路径，而是综合组合"产业、效率、创新、质量、空间、支撑"等多条路径。

路径1：以新产品、新服务、新技术、新商业模式为导向的新产业发展路径。围绕着产业升级、消费升级、贸易升级需求，推动高品质、高性能、高科技含量、高附加值、有竞争力、有良好体验、有市场前景、绿色低碳的新产品、新服务、新技术发展。推动以平台化、共享化、供应链化、生态体系构建的新商业模式发展。

路径2：数字化、网络化、智能化赋能的效率变革路径。围绕着"降低成本、提高效率、增强市场反应能力"的要求，通过数字化、网络化、智能化手段对价值链不同环节、生产体系与组织方式、产业链条、企业与产业间合作等进行全方位赋能，推动产业效率变革、组织变革。

路径 3：标准化、精益化与管理优化相结合的质量提升路径。围绕产品与服务质量不高的突出问题，完善传统产业与新产业的标准、计量、认证认可、检验检测体系。推动企业精心设计、精益生产、精细服务。健全企业质量管理体系，提高全面质量管理水平。

路径 4：不同类型、层级、领域创新系统建设的创新路径。围绕国家战略、市场需求、未来方向等，推动企业、产业结合自身情况，开展仿制创新、集成创新、原始创新和颠覆式创新，推动企业创新体系、产业创新体系、国家创新系统构建，推动政产学研等有机结合的创新生态体系建设。

路径 5：地区、国内、国际产业分工深化的空间优化路径。按照"有所为、有所不为""充分发挥比较优势与后发优势""形成自身独特竞争优势"的思路，推动各地区找准定位，选择好主导产业和主攻方向，深化地区间分工合作，融入国内与国际分工体系，形成地区特色、中国特色。

路径 6：新人才、新知识、下一代基础设施增加供给的支撑路径。围绕人才瓶颈、知识短板和数字化基础设施薄弱等突出问题，从教育体系、培训体系、学科体系、知识体系、数字化基础设施体系等方面增强有效供给，为新工业革命夯实要素支撑基础。

（二）推进步骤

推进新工业革命要"因势利导、因势而变、顺势而为、因地因产因企制宜"。可按如下分三步走：

近中期（2018—2025 年），中国将建成全面小康社会，迈向高收入国家。该阶段应着力弥补"产业链、创新链、质量链、人才链"方面的短板，夯实发展基础。集中优势要素，选择比较成熟的关键技术与装备予以重点突破。着力解决产业发展质量不高、创新体制机制不完善、人力资源结构不合理等问题，建立促进新工业革命的长效机制。

中长期（2025—2035 年），中国将成为世界第一大经济体，国家综合实力更强。

该阶段应全面推动创新，实现科技追赶，实现核心技术与关键部件自主，在多个重点领域推进关键技术的突破和产业化。将经济实力全面转化为科技实力，将新工业革命与中国现代化有机契合，努力实现与发达国家全面并跑，部分领域实现超越。

远期（2035—2050年），是中国对发达国家从并跑向领跑转变、实现超越的关键时期，也是建设世界一流强国的决战期。该阶段应更加聚焦于创新引领、人力资本、知识资产、标准、软件等，实现"卓越质量、创新引领、全面超越"。

当前新工业革命的若干重要任务

（一）产业与技术方面的任务

大力发展新产业。瞄准国家重大战略需求、国际前沿技术与关键领域，大力发展下一代信息技术（如集成电路及专用设备、核心通信信息设备、操作系统及工业软件）、高端制造（如高档数控机床与机器人、航天装备、民用航空装备、先进轨道交通装备、海洋工程装备、高技术船舶、电力装备、节能与新能源汽车、电动汽车等、智能网联汽车、先进农业装备等）、新材料（如先进基础材料、关键战略材料、前沿新材料）、新能源及储能、分布式能源、智慧能源、生物医药及高性能医疗器械、节能环保等战略性新兴产业。

构建下一代工业技术体系。围绕智能制造技术、网络化制造技术、增材制造技术、绿色制造技术、人工智能技术、生物技术、新材料技术、新能源技术、节能环保技术、智能服务技术、智能供应链技术等，构建下一代工业技术体系。

推动下一代信息技术与先进制造、新材料、新能源、生物的交叉融合。推动制造业与现代服务业融合发展，工业文明与生态文明深度融合。推动工业互联网、工业智联网发展，推动电子商务、高效物流、供应链发展。推动制造业与设计、文化融合发展。推动制造业服务化。

推动传统产业广泛应用新技术、新工艺、新装备和新商业模式，提高生产流通与服务效率，降低生产流通及服务成本，增强市场反应力。支持中小企业应用新技术、新工艺。针对多数制造企业数字化程度较低的状况，推动其完成数字化"补课"。

推动"互联网＋生产""互联网＋流通""互联网＋交通""互联网＋物流""互联网＋能源""互联网＋服务""互联网＋传统产业""互联网＋中小企业"等发展。针对资源能源密集型产业，在继续削减过剩产能的同时，加强数字化改造和绿色技术的应用，推动其向数字化与绿色化转型。

（二）创新方面的任务

加强创新能力建设，着力发展核心技术、高技术和颠覆性技术，加强共性技术和关键技术研究。攻关薄弱环节和重点领域，加强对基础科学、应用基础科学、成果转化等支持。实施大科学计划。建设一批政产学研用相结合的协同创新中心，推动企业、高校、科研机构、中介组织、金融机构、政府等形成更加紧密的创新网络。

完善国家创新系统、创新生态系统建设。构建由"企业创新系统、产业创新系统、区域创新系统"等有机结合的高效、共享的国家创新系统。有效整合科技资源，提高原始创新、集成创新和引进消化吸收再创新能力，注重协同创新和产业共性技术研发，在优势领域加速创新模式，从跟随向并行、再向引领转变。发挥举国体制优势，整合各研发创新资源进行攻关，着力在未来全球技术创新和竞争焦点方面取得突破。将北京、上海、广州、深圳等城市建成世界级科创中心，将国内其他一些发达城市建设成为区域科创中心。

（三）质量方面的任务

建设新型标准体系，实施标准引领，推动质量全面跃升。提高计量测试能力与质量溯源能力。以多元共治为基础，建立科学、高效的质量治理体系。建立与新技术新产品相适应的检测与评定体系，提高对重要领域、产品、零部件性能检测能力及可靠性、安全性能评价能力。加强基础共性标准、关键技术标准和重点应用标准的研究制定。针对重点行业，组织攻克长期困扰产品质量提升的关键共性质量技术，加强可靠性设计、试验与验证技术开发应用，推广采用先进成型和加工方法、在线检测装置、智能化生产和物流系统及检测设备等，使重点实物产品的性能稳定性、质量可靠性、环境适应性、使用寿命等指标达到国际同类产品先进水平。推动全社会树立"质量第一"的理念，倡导"敬业、专注、坚持、精益、追求卓越"的工匠精神，并将其转化为从业人员甚至公众的行为准则。

（四）基础设施与要素方面的任务

建设下一代基础设施体系。加强互联网与移动互联网、大数据、云计算、物联网、区块链、高速宽带、高铁网、磁悬浮铁路、下一代航空系统、智能交通基础设施、储能设施、新能源汽车充电桩、智能电网等方面的建设。建设符合长远未来的现代化教育、知识和人力资源发展体系。突出培养造就创新型科技人才，围绕提高自主创新能力、建设创新型国家，以高层次创新型科技人才为重点，造就一批世界水平的科学家、科技领军人才、工程师和高水平创新团队，大力培养一线创新人才和青年科技人才，建设宏大的创新型科技人才队伍，打造全球最大规模、独具匠心的工匠队伍。实施全球人才引进战略，择天下英才而用之。

（五）绿色发展方面的任务

推进绿色、循环、低碳发展。将绿色理念贯穿到产业规划、设计、制造、建设、运营、维护、管理、保养、使用等各环节，推动全寿命周期绿色化。开发高效率、低消耗、低排放的绿色供应链流程，降低供应链能源消耗总量；严格能耗、物耗准入门槛，加快淘汰落后生产能力，提高能源资源利用效率；推行清洁生产、绿色交通、绿色物流及绿色建筑，推进再制造工程，促进污染末端治理向源头预防、过程控制并重转变。促进能源消费清洁化与清洁能源生产方式，提升新能源与清洁能源供应比重。

（六）地区发展方面的任务

做好地区规划布局，深化地区间分工与协作。在发达地区布局世界级的新兴产业集群与中国的"硅谷"。中西部地区根据本地情况，布局重点特色高技术产业。避免重复建设、重复投资，形成产业空间合理分布、地区协同、城乡互动、东中西联动的格局。培育特色鲜明、专业化程度高、配套完善、大中小企业分工协作、优势明显的产业集群。

（七）国际合作方面的任务

有效识别各国对中国新工业革命的作用，分类实施多层次、多渠道、多领域的国际合作战略。将中国与世界的生产网络、创新网络、知识网络、贸易网络紧密联系在一起，合理布局支撑新工业革命的全球网络，构建推进新工业革命的全球体系。培育与打造一批具有世界影响力的企业集团，造就具有产品出口、服务出口、资本输出和技术输出及重大工程承包能力的大型综合型企业，加快培养国际细分市场领域竞争力强的"专精特"中小企业群体。

王曙光 北京大学经济学院教授、博士生导师。著有《草根金融》《经济转型中的金融制度演进》《农村金融与新农村建设》《金融自由化与经济发展》《金融伦理学》《普惠金融——中国农村金融重建中的制度创新与法律框架》等。

乡村振兴战略与中国扶贫开发的战略转型

王曙光

包容式（普惠式）增长、机会均等与赋权

党的十九大提出"乡村振兴战略"，扶贫攻坚是其核心内容之一。"十九大"报告向全世界宣布："我国脱贫攻坚战取得决定性进展，六千多万贫困人口稳定脱贫，贫困发生率从百分之十点二下降到百分之四以下。"确实，中国在 40 年的改革开放进程中实现了高速的增长，人均收入与国民福利有了极大的提升，这是全世界公认的历史性成就。但同时，"我们也要清醒地看到，我国还处在社会主义初级阶段，由于我国国家大、各地发展条件不同，我国还有为数不少的困难群众"。对贫困人口大规模存在这样一个事实，我们要保持高度清醒的认识，要在制订发展战略与发展目标、推动经济发展过程中时刻想到中国区域发展不平衡、人群与族群不平衡、贫困人口集中等严峻状况，使我们的政策不偏离这个基本事实。

（一）反贫困是社会主义的本质要求与特征

近年来，扶贫工作成为中央和地方各级政府工作中的重中之重，得到了方方面面的高度重视。在我们这样一个幅员辽阔、国情极其复杂、发展不均衡的社会主义

大国，反贫困是一项艰苦的使命。我国扶贫问题不是一个局部的、枝节的、锦上添花的工作，也不仅仅是贫困地区的工作，而是一个事关全局的、核心的、与全国所有地区都有关的工作。新中国成立以来的反贫困成就巨大，尤其是改革开放以来，更是进入反贫困的快车道，为世界反贫困工作做出了突出贡献。但这并不意味着我国扶贫工作已经完成，扶贫工作不仅是我国现阶段的重要工作，并且消除贫困也是社会主义的题中应有之意。"贫穷不是社会主义。如果贫困地区长期贫困，面貌长期得不到改变，群众生活长期得不到明显提高，那就没有体现我国社会主义制度的优越性，那也不是社会主义。""消除贫困、改善民生、实现共同富裕，是社会主义的本质要求，是我们党的重要使命。"把扶贫开发提高到"社会主义本质"来认识，把"共同富裕"和"消除贫困"视为"中国特色社会主义的根本原则"。

（二）好增长与坏增长

我国在近几十年中实现了快速的甚至是超高速的增长，直到今天，中国仍是全世界增长最快的经济体之一。"发展"是新中国的主旋律，实现经济的赶超式发展，从而以最快的速度赶上并超过西方发达国家，成为中国几代人的梦想。而实际上，我们也正在成为全世界经济总量最大的经济体之一，且有望在不远的将来实现经济总量世界第一的目标。但同时，我们要对单纯追求发展速度与经济规模的"唯发展主义"观点给以足够的警惕与批判，正是由于片面强调"发展"速度与规模，不重视或忽视了发展所引发的社会公正问题与经济结构问题，忽视了发展的可持续性问题和代际公平问题，才使得我们在近几年的经济发展中遭遇到诸多挑战与困难。

什么是好的增长？好的增长是平衡的增长，要实现人群之间的均衡、族群之间的均衡、职群（不同领域不同职业群体）之间的均衡、区域发展之间的均衡。我们在改革开放之后实行了整个经济的非均衡发展战略，区域的不均衡和人群的不均衡在改革开放初期为整个经济提供了活力，促进了资源和要素的流动，从而促进了经济的高速增长。但同时，社会的不均衡发展也极大地影响了社会的公平正义，从而给整个社会带来更高的运行成本，社会的不稳定甚至局部的危机逐渐显现，这就给我们执行多年的非均衡战略提出了警示。我国目前的基尼系数虽在全世界名列前茅，但人与人之间、地区与地区之间的收入差别太大，影响了社会的和谐和稳定，反过来阻碍了经济的更好发展和可持续发展，增大了发展的阻力和成本。

（三）实现包容式（普惠式）增长

好的增长一定是包容式（普惠式）的增长，也就是在经济增长过程中，处于社会中下层的普通群众也能分享到经济增长的好处（福利），从而使所有民众都能在经济增长中获得福利的帕累托改进①。反之则是"排斥性增长"，即经济增长只有益于那些拥有一定经济地位与政治地位的个别人群，而无益于中下层人群，尤其没有改善底层人民的境况，甚至使低收入人群的福利状况恶化。这种排斥性增长，不仅是坏的增长，而且是一种社会成本极其高昂的增长，有可能引起巨大的社会摩擦与社会震荡。因此，"检验我们一切工作的成效，最终都要看人民是否真正得到了实惠，人民生活是否真正得到了改善，人民权益是否真正得到了保障。面对人民过上更好生活的新期待，我们不能有丝毫自满和懈怠，必须再接再厉，使发展成果更多更公平惠及全体人民，朝着共同富裕方向稳步迈进"。

（四）赋权、改善民生与提升可行能力

阿玛蒂亚·森认为，贫困的发生，其最根本的原因在于"可行能力"的丧失与剥夺，使得贫困者因不具备基本的能力而陷入贫困不能自拔。可行能力包含着一个人改变自己境况、适应周遭社会的最基本的能力，如认知能力、判断能力、应对挑战的能力、创新的能力等等。但"可行能力"的获得，需要以一个人获得基本的权利保障为前提，需要比较系统的制度支撑。如果一个人的受教育权、医疗和社会保障权、创业权和信贷权、迁徙和其他自由选择权受到损害、不能得到保障或被剥夺，他的可行能力就是残缺的，就不能应对来自外界的挑战，有可能陷入贫困。所以，要有效减贫，首先要加大"赋权"的力度，要保障人民的基本权利不被侵犯和剥夺。对于这一点，"我们要随时随刻倾听人民呼声，回应人民期待，保证人民平等参与、平等发展权利，维护社会公平正义，在学有所教、劳有所得、病有所医、老有所养、住有所居上持续取得新进展，不断实现好、维护好、发展好最广大人民根本利益，

---

① 指在不减少一方福利的同时，通过改变现有资源配置来提高另一方的福利。

使发展成果更多更公平惠及全体人民"。教育、就业、医疗、养老、居住等人民的基本权利得到了保障，反贫困就具备了坚实的基础，人民尤其是底层人民的可行能力就会逐步得到提高，这是反贫困的基础工作，也是核心工作。

（五）机会均等与社会公平正义

"赋权"的基本含义是赋予每一个人以平等的权利，其隐含的前提是机会均等。一个公平的制度，其标准不是结果的公平，而是机会的公平，规则的公平。因此，"赋权"的核心是实现机会均等，这是实现社会公平正义的基础。因而机会均等必然是扶贫工作的核心要义之一，也是进行任何制度变革和制度创新的核心目标。笔者曾经提出过"制度供给型扶贫"这个概念，实际上，"制度供给"的核心就是"赋权"，"制度供给"的目的也是实现"机会均等"，即每个人都通过制度供给而获得了平等的参与权、发展权。因此，我们在扶贫工作中，首先要考虑通过制度供给与制度变革来实现贫困人群获得平等机会。为此，要深刻变革和创新农村教育制度、农村医疗制度、农村社会保障制度、农村信贷制度等，革除现有制度中的一些弊端，使农村的这些制度得以创新，从而给贫困人群实现自我的机会。这才是最根本的扶贫，最到位、最深刻、最有效的扶贫。现在很多地方在扶贫方面做表面文章，而不考虑在制度供给层面进行深刻的、系统的、全局性的、根本性的变革，这样的扶贫是无效的，即使暂时脱贫也不具有可持续性，往往很容易返贫。

统筹区域发展和城乡发展，推动内生式扶贫，实现全面小康

（一）全面建成小康社会的标准

2020年全面建成小康社会，是我们国家既定的伟大发展目标。但是如何来衡量小康社会呢？这要全面地看中国的发展情况，要看到广大农村是不是得到发展，特别是贫困地区和贫困人群是否得到发展，而在贫困地区和贫困人群中，不能忽视边疆民族地区的少数民族群众，要关注他们是否得到发展。"没有贫困地区的小康，没有贫困人口的脱贫，就没有全面建成小康社会。我们不能一边宣布实现了全面建

成小康社会目标，另一边还有几千万人口生活在扶贫标准线以下。如果是那样，就既影响人民群众对全面建成小康社会的满意度，也影响国际社会对全面建成小康社会的认可度。"同时，中央近年来也特别重视边疆少数民族地区的发展和扶贫，认为促进民族地区经济发展是增进民族团结的重要一环。可以说，在全面实现小康社会的进程中，少数民族的脱贫是最艰难也是最重要的工作之一。没有少数民族的脱贫和实现小康，就没有全国的小康，因此，要全面实现小康，必须加大对广大农村社会的扶持力度，保证边疆地区和少数民族得到发展。

（二）实施差别化、倾斜性政策，外生力量与内生力量相结合

老少边穷地区历史欠账多，基础条件差，要进行有效的扶贫开发，就必须因地制宜，采取政策组合拳的方式，综合性地解决贫困人群脱贫问题。首先，要对老少边穷地区实施差别化政策。差别化的区域政策，意味着要对老少边穷地区实施特殊的财政税收政策、产业推动政策、农村发展政策，要通过区域之间和各微观主体之间的对口支援政策以及资源配置的优化，把有限的财力和资源向少数民族地区、边疆地区、贫困地区、生态保护区倾斜。其次，要把外生力量和内生力量结合起来，即"把政策动力和内生潜力有机结合起来"。政策动力指来自外部的政策推动力，包括各种优惠政策、激励政策、补贴政策、转移支付政策等，这些政策构建了有利于贫困地区和边疆少数民族地区发展的外部条件；同时，还要激发边疆少数民族贫困地区发展的内在动力，实现贫困地区的自我脱贫，这就是"内生式扶贫"的最核心的内涵。以前我们在扶贫中着重于外力的推动，重视吸引外部的资金、外来的干部驻村，利用对口扶贫引入各种外来资源，但光有外部的因素是很难实现扶贫效果的可持续的。内生式扶贫就是要激发和动员贫困地区自己的信心和动力，要激发贫困人群内在的力量，变"输血式扶贫"为"造血式扶贫"，扶贫要内外发力。

而要实现内生式扶贫，重要的还是要找准贫困地区的优势产业和特色产业，通过发展优势特色产业，依托产业基础进行具有可持续性的自我脱贫。产业的发展要基于一个地方的实际情况，要深刻分析和认识本地区的禀赋和优势，"一个地方的发展，关键在于找准路子、突出特色。欠发达地区抓发展，更要立足资源禀赋和产业基础，做好特色文章，实现差异竞争、错位发展。欠发达地区和发达地区一样，

都要努力转变发展方式，着力提高发展质量和效益，不能'捡进篮子都是菜'。"

（三）立足长远和基础，切忌形式主义扶贫

扶贫要立足于夯实基础、着眼长远，要有高瞻远瞩的眼光，不能急功近利。既要有时不我待的紧迫感，又要从长远出发，不做形式主义的扶贫。这需要我们做好制度建设，重视农村的基础设施建设与社会公共服务，为扶贫构建一个坚实的基础。基础不牢，即使贫困人群一时脱贫，也会很快返贫。我国的贫困，最常见的还是制度供给不足型贫困，因此基础设施的完善极为重要。基础设施（包括物质的基础设施和制度的基础设施）的提供，就是为扶贫"托底"。"基础设施落后是边疆建设要突破的'瓶颈'。要面向边疆农村牧区，打通'毛细血管'，解决'最后一公里'问题，全面推进与群众生产生活密切的通水、通路、通电等建设，为兴边富民打好基础。要继续加快铁路、公路、民航、水运建设，形成对长期发展起支撑作用的区域性大动脉。要抓紧推动与有关国家和地区的交通、通信等基础设施的互联互通，建设国际大通道，推动区域经济合作。"

扶贫工作既要有很高的要求，又要量力而行，实事求是，要杜绝口号式扶贫、形式主义扶贫。现在各地政府均把扶贫攻坚作为重要工作目标，层层定量考核和落实，这本来是很好的做法，但个别地区搞形式主义的扶贫、口号式扶贫，目标不切实际，随意将脱贫时间提前，这实际上损害了扶贫的效果，这不是扎扎实实的扶贫，而是搞扶贫的政绩工程。对此，"贫困地区要把提高扶贫对象生活水平作为衡量政绩的主要考核指标。扶贫工作要科学规划、因地制宜、抓住重点，不断提高精准性、有效性、持续性，切忌空喊口号，不要提好高骛远的目标。发展生产要实事求是，结合当地实际发展特色经济，注重提高基本公共服务水平"。

实现精准脱贫，提高扶贫的精准性和可持续性

（一）精准扶贫的关键是精准分析贫困根源

在各地的扶贫实践中，对精准扶贫有很多认识上的误区。有些地方把精准扶贫

仅仅理解为扶贫干部和对口扶贫单位针对一家一户进行支持，给钱给物，促其快速脱贫。这就把扶贫工作简单化和表面化了。精准扶贫的核心之一首先是要精准分析一个地区、一个群体甚至每个贫困人口的致贫根源，不能大而化之，而是进行精准分析，深刻地考察到底有哪些因素导致当地人群的贫困。

深刻分析贫困根源，做好入户调查和数据采集工作非常重要，但是千万不能搞成形式主义。现在一些地区的基层干部反映，他们在工作中被要求填无数表格，重复录入各种数据，工作量之大令人难以想象，甚至因为根本无暇入户调研而被迫编造各种数据，使基层干部不堪重负，怨声载道，这样的做法导致他们没有办法把精力用在真正帮助贫困人群脱贫上，对扶贫效果造成严重的消极影响。真正的精准扶贫，不仅是要找到一堆数据，而且更在于精准分析贫困户的致贫根源，看看哪些原因是普遍性的、面上的、共性的，哪些原因是个体性的、特殊性的、点上的，对于面上的共性的因素，要在整个区域的基础设施建设和制度创新上下工夫，而对于特殊性的因素，要有针对性地进行帮扶，通过民政、社会力量等进行有效解决。

（二）精准扶贫的有效性有赖于因地制宜、精准施策

精准扶贫的核心之二是精准施策，要针对一个地区、一个群体、甚至针对特定的贫困户，制定相应的有差别的脱贫之策，脱贫对策的制定要有针对性、目的性、指向性。这要求我们在工作中要因地制宜，不要一刀切。"要增加资金投入和项目支持，实施精准扶贫、精准脱贫，因乡因族制宜、因村施策、因户施法，扶到点上、扶到根上。扶贫项目安排和资金使用都要提高瞄准度，不要大而化之、撒胡椒面，更不能搞不符合当地实际的面子工程。"

精准扶贫是我国新时期扶贫工作的重要特点。在前一阶段的几十年中，扶贫更多的是面向所有贫困人群，进行基础设施的改造、制度的建设以及体制机制的创新，这些措施对于大面积的贫困人群脱贫是非常重要的，甚至至今仍然是一些地区扶贫的核心工作，尤其是那些基础设施差、制度不到位的欠发达地区。但扶贫工作开展到今天，在多数地区大面积贫困已经基本消除的阶段，精准的扶贫战略更加必要，要针对不同类型的贫困精准发力。"精准扶贫，一定要精准施策。要坚持因人因地施策，因贫困原因施策，因贫困类型施策。俗话说，治病要找病根。扶贫也要找'贫

根'。对不同原因、不同类型的贫困，采取不同的脱贫措施，对症下药、精准滴灌、靶向治疗。各地要通过深入调查研究，尽快搞清楚现有贫困人口中，哪些是有劳动能力、可以通过生产扶持和就业帮助实现脱贫的，哪些是居住在'一方水土养不起一方人'的地方、需要通过易地搬迁实现脱贫的，哪些是丧失了劳动能力、需要通过社会保障实施兜底扶贫的，哪些是因病致贫、需要实施医疗救助帮扶的，等等。国务院扶贫办要在各地调查的基础上，汇总出全国情况，提出分类施策的具体办法。"

（三）精准扶贫要着眼于对扶贫对象进行精准化管理

精准扶贫的核心之三是对扶贫对象的精准化管理。对扶贫对象进行精准化管理，就是要在资源配置上进行有针对性的精细管理，确保各种资源的使用准确到位。"贫困民族地区群众更期盼的是雪中送炭。要建立精准扶贫工作机制，瞄准特困地区、特困群体、特困家庭，扶到点上、扶到根上、扶到家庭，力争用五到十年时间实现民族地区贫困家庭和困难群众稳定脱贫。"

精准化管理强调扶贫的精确性、有效性，各种人、财、物的配置、各种制度措施的落实，都要落到实处。"扶贫开发推进到今天这样的程度，贵在精准，重在精准，成败之举在于精准。搞大水漫灌、走马观花、大而化之、'手榴弹炸跳蚤'不行。要做到'六个精准'，即扶持对象精准、项目安排精准、资金使用精准、措施到户精准、因村派人（第一书记）精准、脱贫成效精准。各地都要在这几个精准上想办法、出实招、见真效。"

（四）针对不同贫困类型，进行分门别类的有针对性的扶贫

我国的贫困根据产生的原因大体可以分为制度供给不足型贫困、区域发展障碍型贫困、可行能力不足型贫困（结构型贫困））、先天缺乏型贫困和族群型贫困等类别。针对这些不同种类的贫困，中国的反贫困战略大致也划分为制度变革型扶贫、基础型扶贫（或大推进型扶贫）、迁移型（或生态恢复型扶贫）、能力增进型扶贫（或结构型扶贫、造血型扶贫）、救济型扶贫（或输血式扶贫）和族群系统型扶贫，但是在反贫困实践中，各类措施往往齐头并进形成合力。

习近平同志在部分省区市扶贫攻坚与"十三五"时期经济社会发展座谈会上的

讲话中指出的"四个一批"体现了中央在扶贫战略上"分门别类"的"结构性扶贫"思想："一是通过扶持生产和就业发展一批。对有劳动能力、可以通过生产和务工实现脱贫的贫困人口，要加大产业培育扶持和就业帮助力度，因地制宜多发展一些贫困人口参与度高的区域特色产业，扩大转移就业培训和就业对接服务，使这部分人通过发展生产和外出务工实现稳定脱贫。二是通过移民搬迁安置一批。……经初步估算，目前全国有大约1000万贫困群众居住在深山、石山、高寒、荒漠化等生存环境差、不具备基本发展条件的地方，以及生态环境脆弱、不宜开发的地方。在这些地方就地采取扶贫措施，不仅成本高，而且很容易返贫，难以取得持久效果。三是通过低保政策兜底一批。对丧失劳动能力、无法通过产业扶持和就业帮助实现脱贫的贫困人口，要通过社会保障实施政策性兜底扶贫，主要是纳入低保体系。……要研究贫困地区扶贫线和低保线'两线合一'的实施办法，把低保线提高到扶贫标准线，对这部分人实行应保尽保。四是通过医疗救助扶持一批。因病致贫、因病返贫的贫困具有暂时性、间歇性特征，只要帮助他们解决医疗费用问题，这部分人就可以通过发展生产或外出务工做到脱贫。"

（五）精准扶贫要广泛动员各种社会力量，建立长效机制

精准扶贫不是政府单方面的工作，更不仅仅是扶贫干部的工作，这项伟大的工作，涉及每一个地区、每一个人、每一个部门。因此，在实际的扶贫工作中，就要强调"全社会扶贫"的理念，把不同区域、不同领域、不同行业的资源动员起来，把政府力量和市场力量结合起来。这就是"社会参与式扶贫"的精髓所在。"要健全东西部协作、党政机关定点扶贫机制，各部门要积极完成所承担的定点扶贫任务，东部地区要加大对西部地区的帮扶力度，国有企业要承担更多扶贫开发任务。要广泛调动社会各界参与扶贫开发的积极性，鼓励、支持、帮助各类非公有制企业、社会组织、个人自愿采取包干方式参与扶贫。"

汪三贵　中国人民大学农业与农村发展学院教授，博士生导师。

从区域扶贫开发到精准扶贫

汪三贵

改革开放 40 年来，中国的经济社会发展取得了举世瞩目的成就，而中国的大规模减贫更是获得了国际社会的普遍赞誉。本文主要对 40 年来中国的减贫历程进行回顾，分析扶贫政策的演进，总结扶贫开发的主要成就，结合现阶段脱贫攻坚中存在的问题提出未来的政策方向。

一、改革开放 40 年：波澜壮阔的扶贫开发历程

1978 年底中央工作会议和中共十一届三中全会揭开了改革开放的序幕，会议的一个重要成果是把党和国家工作的重点转移到经济建设上来。"让一部分人、一部分地区先富裕起来，最终达到共同富裕。" 1979—1985 年，中国经济体制改革促进了经济的全面持续增长，以家庭联产承包责任制和农产品价格调整为重要内容的农村政策调整和体制改革，作为一种益贫式的增长方式，使农民收入普遍增加，农村贫困大规模减少。从收入增长效应上看，1978—1985 年，农村居民实际人均纯收入增长 169%，年均增长 15.1%；从收入分配上看，农村基尼系数从 1980 年的 0.241 降低到 0.227，农村内部收入差距缩小。按 1978 年的 100 元的贫困线估计，1978 年中国贫困发生率为 30.7%，贫困人口规模为 2.5 亿人，占世界贫困人口的比例约为四分之一。到 1985 年，中国解决了其中一半人口的温饱问题，农村贫困人口剩余 1.25 亿，贫困发生率为 15%，年均减贫 1786 万。但这一时期，对贫困地区

的扶持主要是以"撒胡椒面"式的实物救济"输血"为主，救济形式单一、分散、力度较低，很难集中解决一些制约区域发展的重要问题。

20世纪80年代中期开始的反贫困计划，尝试改变以往无偿救助为主的扶持政策，转而以生产帮助为主、无偿救济为辅。其主要内容是为贫困农户提供信贷资金，实行以工代赈，兴建基础设施，建设基本农田，推广农业实用技术，扩大就业机会等。1984年，中央颁发了《关于帮助贫困地区改变面貌的通知》，基本目标是解决贫困地区的基本温饱问题，对策是经济开发。当时，对贫困地区的资金和物资扶持主要是用于发展生产，改变生产条件，增强地区经济活力，本质上是一种区域扶贫开发政策，注重经济开发、多种经营、商品经济等问题。20世纪80年代初至20世纪80年代末，为了帮助老少边穷地区尽快改变贫困落后面貌，国家先后设立了7笔扶贫专项资金：支援不发达地区发展资金、支持老少边穷地区贷款、支援不发达地区发展经济贷款、"三西"农业建设专项资金、国家扶贫专项贴息贷款、牧区扶贫专项贴息贷款、县办企业专项贷款。每年资金总额达到40亿元左右，其中四分之三左右属于低息或贴息的信贷资金。"七五"期间每年增加扶贫专项贴息贷款十亿元，通过实行以工代赈，发展贫困地区水利、公路、电力等基础设施，当时的以工代赈直接满足贫困地区群众的基本需求，提供了大量就业机会和消化了部分滞销产品。

"七五"扶贫开发的基本目标是解决温饱问题。"八五"扶贫开发工作是在这个基础上实现两个稳定：一是加强基本农田建设，当时的考虑是一人开发半亩到一亩的基本农田，提高粮食产量。主要做法是保水、保肥、保土，治山、治沟、种草、种树。主要目的是通过建设基本农田解决贫困地区粮食增产问题，进而解决吃饭和增收问题。二是发展多种经营，进行资源开发，建设区域性支柱产业。当时的经验是一户有几亩经济林或者几头牛、一群羊，就可以稳定地解决温饱问题；一个村抓住一两个优势项目，一两年就可以收到明显成效。这一时期开始，扶贫工作更加注重从单纯救济向经济开发转移，依靠科技进步和提高农民素质。扶贫政策逐渐考虑从按贫困人口平均分配资金向按项目、按效益转变，从资金单向输入向综合输入资金、技术、物资、培训、管理等转变。

这一系列政策措施取得了一定的效果，1992年贫困人口从1985年的1.25亿减少到约 8000 万，1986—1992 年 7 年时间，每年减少贫困人口 624.8 万，贫困人口占全国农村总人口的比重为 8.8%。但这一时期贫困人口的下降速度明显低于改革开放初期的头七年。如果不采取特殊行动，中央既定的 20 世纪末解决农村温饱问题的任务可能完成不了。1994 年中国政府公布《国家八七扶贫攻坚计划》，标志着中国扶贫开发进入集中资源用 7 年时间解决 8000 万贫困人口温饱问题的决战时期。总的要求是："坚持开发式扶贫的方针，努力提高扶贫开发效益，积极创造稳定解决温饱问题的基础条件。"在扶持范围上，以调整后的 592 个国定贫困县为扶持的重点，中央财政、信贷、以工代赈等扶贫资金主要集中投放在国定贫困县；扶持资金投放上，以调整投向后的中西部省份为重点，重大项目向贫困地区倾斜；扶贫资金投入结构上，以中央投入为主，加大省市投入；扶贫责任制上，强调统一领导，分级负责，以省为主。当时扶贫工作的目标是解决贫困户的温饱问题。实践证明，种植业、养殖业和以农产品为原料的加工业是当时最有效的扶贫产业，贷款回收率也相对较高。主要做法是，通过扶贫经济实体组织经济开发，将经济开发和扶持到户结合在一起，把解决温饱的工作指标量化到户，提高资源开发的水平和效益。扶贫信贷资金统一由中国农业银行和中国农业发展银行来管理，将扶贫资金的分配使用与效益直接挂钩，把到期贷款回收比例作为衡量扶贫开发工作成效的一个重要标志，让扶贫经济实体承包扶贫项目，统贷统还，而非直接向农户分散贷款。1994—2000 年，中央政府每年再增加 10 亿元以工代赈资金、10 亿元扶贫专项贴息贷款。实际上，中国政府的扶贫投入由 1994 年的 97.85 亿元增加到 2000 年的 248.15 亿元，累计投入中央扶贫资金 1127 亿元，相当于 1986—1993 年扶贫投入总量的 3 倍。经过数年的扶持，贫困人口的结构和分布状况发生了很大的变化，投入资源较多的重点县脱贫速度明显加快。到 2000 年，全国没有解决温饱问题的贫困人口减少到了 3200 万人，占农村贫困人口的比重下降到 3% 左右，中央确定的扶贫攻坚目标基本实现。

到 21 世纪初，中国农村贫困人口温饱问题基本解决，大面积绝对贫困现象明显缓解，新阶段的扶贫开发是在社会主义市场经济体制初步建立、国民经济和社会发展进入新阶段的背景下进行的。当时面临的情况主要是：从贫困人口分布状况来看，贫困人口数量减少、相对集中；从外部环境来看，市场经济条件下扶贫开发受到市场和资源的双重约束；从发展的机遇来看，有西部大开发的良好机遇。经济增长的减贫效应下降、贫富差距在不断拉大、一般性的扶持政策难以奏效也是当时面临的突出问题。解决温饱问题阶段性任务完成后，需要确定下一阶段扶贫开发的重点对象和范围。2001 年公布的《中国农村扶贫开发纲要（2001—2010）》确定的基本目标概括起来是："巩固温饱成果，为达到小康水平创造条件。"21 世纪头十年扶贫开发战略主要是"一体两翼"："一体"是用整村推进来改善 14.8 万个贫困村的生产生活生态条件，提高贫困村的发展能力；"两翼"是指贫困地区劳动力转移培训和龙头企业产业化扶贫，主要目的是促进贫困人口的市场参与。贫困地区劳动力转移培训政策提高贫困人口的素质并获得稳定的就业，这是一种"非农产业"的脱贫路径。扶持各种类型的龙头企业的目的是带动贫困地区调整农业产业结构，促进产业化发展，直接和间接带动贫困人口脱贫。除"一体两翼"外，适当的公共转移政策和众多的惠农政策，加上全面实施农村最低生活保障制度，在一定程度上有助于贫困人口的收入增长和缓解贫困地区收入差距的扩大。

由于以往的贫困线标准过低，与中国的发展水平脱节。2011 年，中国政府大幅度提高了贫困标准，将农民人均纯收入 2300 元（2010 年不变价）作为新的国家扶贫标准，各省（自治区、直辖市）也可以根据当地实际制定高于国家扶贫标准的地方扶贫标准。新阶段扶贫工作的总体目标是稳定实现贫困人口的"两不愁，三保障"，同时要求贫困地区农民人均纯收入增长幅度高于全国平均水平，基本公共服务达到全国平均水平。其中，"两不愁"在于解决温饱和极端贫困问题，巩固前期脱贫成果；"三保障"侧重于解决人力资本和发展能力问题，是新时期需要重点解决的问题。强调贫困地区的收入增长和公共服务，主要是要进一步缩小区域差距，解决区域性整体贫困问题。这一时期，除原有的以县、村为主要扶贫单元外，国家又确定了 14 个连片特困地区作为区域开发的单元之一，利用区域差异性政策解决长期存在的区域发展瓶颈问题。

党的十八大以来，中央将精准扶贫、精准脱贫作为扶贫开发的基本方略。扶贫工作的总体目标是："到 2020 年确保我国现行标准下农村贫困人口全部脱贫，贫困县全部摘帽，解决区域性整体贫困。"新阶段的中国扶贫工作更加注重精准度，要求扶贫资源与贫困户的需求准确对接。提出了"六个精准"的要求，实施了"五个一批"并重点解决"四个问题"。中央和地方政府均加大了对扶贫开发的投入力度。根据国务院扶贫办统计，2013—2017 年，中央财政专项扶贫资金投入年均增长 22.7%，省市县财政扶贫资金投入也大幅度增长，使得中国贫困规模大幅缩小。减贫速度明显加快，农村贫困人口由 2012 年的 9899 万人减少到 2017 年的 3046 万人，累计减贫 6853 万人，年均减贫 1370 万人，贫困发生率从 10.2% 下降到 3.1%，累计降低 7.1 个百分点。

回顾中国的扶贫开发历程可以发现，中国大规模减贫的主要推动力量是经济增长，特别是贫困地区的农业和农村经济的持续增长，而农业和农村的经济增长又是在一系列的改革开放措施、持续的人力和物质资本积累和不断的技术进步下取得的。有针对性地开发式扶贫，通过实施区域性的基础设施和公共服务建设，在帮助贫困地区经济社会发展方面起到了重要作用，有助于缓解日益扩大的收入分配差距和缩小贫困地区与一般地区的发展差距，使原本不利于穷人的经济增长过程在某些方面和一定程度上表现出益贫的性质。而精准扶贫则进一步将贫困人口作为扶贫开发的首要对象，大幅度提高了扶贫工作的效果。

二、40 年扶贫政策演进：从区域开发到精准扶贫

40 年来中国的农村扶贫走了一条从贫困地区区域开发为主转向以贫困家庭和人口为对象的精准扶贫之路。1980 年开始的扶贫开发的主要策略就是促进贫困地区的区域发展，间接带动贫困人口脱贫。区域开发式扶贫本质上是一种促进贫困人口集中区域的优先发展来实现减贫的方法。有研究表明，中国的扶贫经验证明区域瞄准可能是扶贫资源达到穷人的一个非常有用的"利器"，对于贫困地区农户的收入增长也有较大的作用。这主要是因为开发式扶贫为所有农户特别是那些有劳动能力和劳动意愿的农户提供了依靠自己主动响应来增加收入的机会。

改革开放初期，针对贫困分布的区域性特征，中国政府以县为单元确定国家扶持的重点，这是按区域实施反贫困计划的基础，将县作为扶贫开发的优先单元的主要原因：一是中国贫困的区域分布较为清晰，限制区域发展的制约因素较多，其中县域经济的辐射和带动具有重要意义，优先解决影响县域经济发展的自然、资源、

环境、交通、教育、人口等限制区域发展的瓶颈性因素，能够为穷人提供更多的发展机会。二是在中国行政体制中，县是一个承上启下、无法跳过的重要层级，具有比较完整的行政区划和组织结构，县作为一个执行单元，传递扶贫政策、组织扶贫开发、调配扶贫资源、实施和监管扶贫项目成本相对比较低。三是不管以任何贫困标准来衡量，贫困县贫困人口数量众多、占总人口比例很高是改革开放初期面临的突出问题。当大规模贫困人口出现且分布相对集中时，不需要花费大量人力物力财力去瞄准，用县级瞄准的扶贫政策能覆盖绝大部分贫困地区，"撒网式"方法也能覆盖到大量贫困人口，从而可以节约大量的识别和组织成本。四是当财政能力一般、尚不具备大规模投入能力的时候，选择一些贫困程度较深的贫困县进行扶持、以县为单元进行资源分配和集中管理，符合财政资金投入利用最大化的要求。

《国家八七扶贫攻坚计划》实施期间，贫困县仍然是主要扶持对象。其原因在于：一是 592 个贫困县贫困人口数量众多，1994 年国定贫困县覆盖的贫困人口占全国 8000 万贫困人口的 71%。二是当时的财政和资金能力适宜集中力量解决贫困人口多、贫困程度深的贫困县的突出问题。三是贫困县政策涉及资源优惠分配，利益关系复杂，短时期无法立刻取消，只能通过适当的省际之间和省内名额"进退"来进行调整。这一时期，贫困县内扶贫攻坚主战场是贫困户较为集中的贫困乡和贫困村，中央扶贫资金全部用于国家重点扶持的贫困县后，由县把贫困程度更深的贫困乡、贫困村作为项目覆盖的目标，以便集中有限的资源帮助贫困程度较深的区域。根据 1995 年对 25 个省区的统计，1994 年以来已经确定扶贫攻坚重点乡 9399 个，占全国乡镇总数的 19.5%，确定的扶贫攻坚重点村 70333 个，占全国行政村总数的 8.8%。

21 世纪头十年的扶贫开发，国家扶持的重点从县转向县和村。除了 592 个国家扶贫开发重点县外，在全国范围内确定了 14.8 万个贫困村进行"整村推进"。国家扶持的区域范围从贫困县扩展到非贫困县的一些偏远贫困的村庄。将扶贫对象扩展到村的原因是，单纯以县进行瞄准和扶持会遗漏很多非贫困县的贫困人口，导致贫困县和条件相似的非贫困县的差距扩大。当贫困人口越来越少时，贫困县内扶贫资源外溢到非贫困户的现象就会越来越严重，而非贫困县的贫困农户又被排斥在扶贫资源享受对象之外，从而降低扶贫效率。以贫困程度深的村为单位进行扶持在当时是一个比较好的选择。中国的村庄构成了一个比较完整的社区，是中国行政区划体系中最基层的一级，有相对完整的组织结构。在村级实施扶贫项目，特别是基础设施和公共服务项目，既有利于改善贫困村的生产生活条件，也有利于村民的直接参与。根据国家统计局的贫困监测调查，对贫困村的扶持效果明显。2001—2009年间，贫困村农民人均纯收入的增长速度要高于贫困县，基础设施和公共服务的改善也快于贫困县。

党的十八大以来，我国高度重视扶贫开发，根据宏观形势的变化和到2020年全面建成小康社会的需要，中央做出了坚决打赢脱贫攻坚战的决定。为了打赢脱贫攻坚战，中央调整了以往以区域开发为主的扶贫开发模式，将精准扶贫和精准脱贫作为基本方略。精准扶贫就是将贫困家庭和贫困人口作为主要扶持对象，而不能仅仅停留在扶持贫困县和贫困村的层面上。这种策略调整是基于中国现阶段贫困人口小集中、大分散的客观现实以及贫困人口没有从以往的区域扶贫开发中平等受益的实际状况做出的。在贫困人口分散分布的情况下，以县和村为单元进行扶贫开发必然不能覆盖到全部贫困人口，而有限的财力也同时决定了无法采用普惠式的收入转移（即全民社会保障）来实现大规模的综合兜底。因此，要确保所有贫困人口到2020年实现脱贫，就必须将全部贫困人口识别出来进行扶持，不论贫困人口是否在贫困县和贫困村。即使在贫困地区内部，由于贫困人口受多种因素的限制，也难以从区域发展中平等受益。在没有直接瞄准贫困户的情况下，像整村推进这类村级综合发展项目，也是富人受益更多、穷人受益有限，区域扶贫开发在缩小区域间差距的同时也加剧了贫困地区内部的收入不平等。从区域开发转向精准扶贫，瞄准贫困家庭和个体因户因人施策，是完成脱贫攻坚目标的必然选择。精准扶贫同时也是抵消因经济增长速度下降和收入分配不平等导致的减贫效应下降而必须采取的措施。

三、中国40年大规模减贫成效

改革开放40年，中国取得了举世瞩目的减贫成就，不管以哪一条贫困标准衡量，中国大规模减贫的成绩都是毋庸置疑的。以2010年的贫困线标准估计，中国40年的扶贫工作累计使得7亿多人脱贫，贫困发生率下降了93个百分点以上，这一成就举世瞩目。

中国的大规模减贫，不仅使得本国 7 亿人口摆脱贫困、逐步走向小康，也为全球减贫事业做出了巨大贡献。按照每人每天 1.9 美元标准计算，自 1981 年以来，全球范围内贫困人口由 19.97 亿下降到 2012 年的 8.97 亿，贫困人口减少了 11.01 亿。其中，中国的贫困人口从 8.78 亿下降到 0.87 亿，减少了 7.90 亿，占全球同期减贫人口的 71.8%。这意味着，1981—2012 年的 32 年间，全球范围内的每 100 个脱贫人口中就有近 72 人来自于中国，中国对世界的减贫贡献率超过了 70%。1981 年，全球贫困发生率为 44.3%，同期中国贫困发生率高达 88.3%，是世界水平的近两倍。随着中国经济的发展和开展大规模减贫工作，贫困发生率迅速下降，到 2012 年，中国的贫困发生率降到 6.5%，比 1981 年降低了 81.8 个百分点，同期，世界范围内的贫困发生率为 12.7%，约为中国的 2 倍。

中国的减贫速度在不同时期存在明显的差别，精准扶贫方略实施以来，贫困人口下降速度有不断加快的趋势。按照 2010 年不变价 2300 元的贫困线标准估计，1978 年中国农村贫困人口 7.7 亿，到 2012 年下降到 9899 万，34 年间减少了 6.7 亿，年均贫困人口减少速度为 5.9%。2012—2017 年，贫困人口下降了 6853 万，年均贫困人口减少速度为 21%，是 2012 年前减贫速度的 3.6 倍。贫困人口减少的速度有不断加快的趋势，2013 年贫困人口减少速度为 16.7%，2014 年为 14.9%，2015 年为 20.6%，2016 年为 22.2%，2017 年为 29.7%。中国和世界各国的减贫经验都表明，由于条件好、能力强的贫困人口会率先脱贫，越到后期扶贫难度越大，减贫速度越慢。中国近年来减贫速度越来越快的事实说明，精准扶贫策略是成功的，扶贫方式是有效的，大大推动了贫困人口脱贫的进程。

贫困地区农民收入增长速度快于全国农村平均水平，收入差距不断缩小。2013—2016 年，农村居民可支配收入从 9430 元增加到 12363 元，年均增长 9.4%；同期贫困地区农村居民可支配收入从 6079 元增加到 8452 元，年均增长 11.6%。贫困地区农村居民的收入增长比全国农村平均水平高 2.2 个百分点，贫困地区与全国农村的收入差距从 36% 减少到 32%。

贫困地区农村居民的生活条件不断改善，生活质量差距缩小。2013—2016 年，贫困地区主要生活质量指标都在大幅度改善，贫困农民正在享受越来越高的生活水平。居住竹草土坯房的农户比重从 7% 下降到 4.5%，降低了 2.5 个百分点，下降速度比全国农村平均水平快 1 个百分点；管道供水的农户比重从 53.6% 上升到 67.4%，提高了 13.8 个百分点，上升速度比全国农村平均水平高 3.3 个百分点；使用净化自来水的农户比重从 30.6% 提高到 40.8%，提高了 10.2 个百分点，上升速度比全国农村平均水平高 3.2 个百分点；百户洗衣机拥有量从 65.8 台增加到 80.7 台，增加了 14.9 台，比全国农村平均水平多增加 2.1 台；百户电冰箱拥有量从 52.6 台增加到 75.3 台，增加了 22.7 台，比全国农村平均水平多增加 6.1 台；百户移动电话拥有量从 172.9 部增加到 225.1 部，增加了 52.2 部，比全国农村平均水平多增加 11 部。

贫困地区农村基础设施和公共服务不断完善。2013—2016 年，通电话的自然村比重从 93.3% 上升到 98.1%；通有线电视的自然村比重从 70.7% 上升到 81.3%；通宽带的自然村比重从 41.5% 提高到 63.4%；有硬化路面主干道的自然村比重从 59.9% 提高到 77.9%。同期，主要公共服务的可获得性和服务水平显著提高。通客运班车的自然村比重从 38.8% 上升到 49.9%；上幼儿园便利的农户比重从 67.6% 上升到 79.6%；上小学便利的农户比重从 78% 提高到 84.8%；有文化活动室的行政村比重从 75.6% 提高到 86.5%；有村级卫生室的农户比重从 84.4% 上升到 91.1%；垃圾集中处理的农户比重从 29.9% 上升到 50.8%。

回顾 40 年中国的减贫成效，可以发现扶贫开发越来越精准，因而可以惠及更多真正的贫困人口。中国的扶贫事业不是一朝一夕的，每个阶段具体的扶贫目标和扶贫任务不同，中国政府在解决一批难啃的"硬骨头"、完成一个阶段既定的扶贫任务后，又通过合理确定贫困标准、规划重点扶持范围、制定分年度的具体任务和措施，开始新一轮的帮扶，整个扶贫工作呈现出长期性的特点，解决贫困问题在很大程度上与经济社会发展特别是农村经济社会发展相适应。从"大水漫灌"到"精准扶贫"、从"普惠式"平均分配到"特惠式"精准分配，中国的扶贫开发扶持政策组合多样、投入资源传递更加有效。中国大规模减贫的重要基础和推动力量是经济的持续高速增长，虽然 40 年来贫困发生率的下降每年并不完全相同，但通过经济发展所提供的坚实基础，中国农村扶贫政策的实施从生产能力、市场参与和缓解脆弱性等角度改善了贫困地区农民分享经济增长的机会和能力，扶贫资源的投入使得每一个阶段均能确保扶贫任务按时保质完成。党和政府高度重视扶贫工作，将十分重要、涉及面较广、跨部门、长期性的协调扶贫开发议事协调机构长期保留，并不断加强领导。中国的扶贫开发工作机构、开发式扶贫基本方针、专项扶贫资金的投入力度和投入结构始终保持了基本稳定，使得中国的许多扶贫政策得以延续下来，并逐渐制度化、常态化，很多政策沿用并不断迭代，演化成有始有终的扶贫治理行动。中国政府制定的扶贫政策越来越严谨，不断尝试修补实践中发现的问题，确保扶贫资源在分配时能够相对合理和规范，因而能够惠及大量的贫困人口。

四、中国脱贫攻坚面临的主要挑战

中国现阶段的脱贫攻坚在总体上进展顺利，取得了决定性的进展，能够如期实现脱贫攻坚既定目标。但一些深度贫困地区和一部分特殊类型、特殊困难的贫困人口要实现收入稳定超过贫困线、稳定解决义务教育、基本医疗和安全住房有保障问题还有相当难度。国家确定的深度贫困地区都是地理位置偏远、交通不便和发展程度低的民族地区，有些还是边境地区。致贫因素复杂，既有自然地理因素的影响，也受历史和文化因素的制约，很多致贫因素短期内很难彻底解决。一些深度贫困地区的贫困发生率到现在还超过 20%，未来不到 3 年时间需要降低到 3% 以下，是一个艰巨的任务，长期深度贫困容易让少数贫困人口失去脱贫主动性。极少数深度贫困地区虽然"不愁吃"已基本实现，但"不愁穿"尚有生活习惯障碍，短时间内难以解决。一项对四川省凉山州典型贫困村的调研表明，缺少换洗衣服、冬天衣物不足是普遍现象，主要原因是受长期贫困和生计方式所形成的生活习惯影响，并非没有购买衣服的经济能力，而是换洗衣服的主观需求弱，购置衣物的意愿低。在一些偏远的民族地区，由于教育质量和家长观念问题，让所有孩子上完初中都不是一件容易的事情，表现为受教育程度低，虽然教育面貌大有改观，但上学不便问题仍然突出，偏远山村儿童上学不便，是部分儿童辍学的主要原因，基础设施和师资配套滞后，严重影响教育质量。

一般贫困地区存在一些特殊类型和特殊困难的贫困人群，脱贫难度也很大。第一类人群就是丧失内生动力、缺乏脱贫主动性的所谓"懒汉"，这类人全国各地都有分布，是难啃的硬骨头。地方政府对这类人普遍没有有效的扶持方法，而且基层干部群众都反对扶持他们。如果没有上级的干预，村里在精准识别和建档立卡时都倾向于排除这类人。第二类人群是有子女但独居的老年人，这种情况在农村相当普遍。这些老人是村里生活状况最差的一部分人，相当一部分的"两不愁、三保障"没有得到解决，特别是住房和医疗。由于有子女且子女的生活条件不差，村里在精准识别和建档立卡时也不愿意把这些独居老人评定为贫困户。但目前农村子女不养老并不是个别现象，导致独居老年人除了很低的养老保险和农业补贴外没有稳定的收入来源，通常居住在破旧的房子里，其中一部分是危房。由于不是贫困户，医疗保障水平比较低，看不起病的情况较普遍。第三类是残疾人和大病病人，罹患大病和因病致残等使得医疗费用支出剧增，沉重的自付医疗负担和主要劳动能力的丧失使家庭陷入深度贫困之中。

目前的困境是地方政府为了完成脱贫攻坚目标都愿意扶持这类群体，但普通村民对扶持前两类人群意见都很大。调高标准、吊高胃口、不切实际的扶贫措施也会产生逆向激励的问题。有的老人已经进城跟子女一起居住多年，但听说扶贫可以改造老年人的危房，特意从城里或镇上搬回村里的已经遗弃的危房里居住，要求危房改造或者易地扶贫搬迁。在医疗保障程度高的地方，出现了部分贫困户长期住在医院不愿出院的情况。而且，由于现有政策规定是危房改造"先建后补"，贫困户需要负担相当一部分危房改造的成本，即使有危房改造政策，有一部分有子女或亲属的老年人也不愿意投入过多的资金改造住房。这些问题处理不好，安全住房的问题就不能完全解决，并且在村里造成很多矛盾。对于第三类因病致贫的人口，如果陷入贫困户看病基本不花钱甚至还有住院补偿的陷阱，过度的资源投入、大包大揽的全部承担，不仅违背现阶段"保障基本医疗"的脱贫攻坚目标，也超出现阶段财政承受能力，会激化贫困户和非贫困户之间的矛盾。因此，本轮脱贫攻坚期要优先保障完成"脱贫"目标，首先解决"有"的问题，防止出现超标准保障住房升级、看病住院"免费"还拿多种补贴等超出脱贫攻坚目标的典型形象工程。

五、打赢脱贫攻坚战的重点和对策

中国政府在不同政策扶贫的选择以及对扶贫政策之间相互关系的理解逐渐深入、不断深化，对将扶贫、社会保障以及人类发展作为全面建成小康社会总体议程的组成部分的理解不断加深。中国未来三年脱贫攻坚战的重点是深度贫困地区和特殊类型的贫困人群。需要用超常规的手段和创新性的机制来保证这些地区和人群到2020年摆脱现有标准下的绝对贫困。同时，即使在本轮脱贫攻坚期结束后，2020年后更高标准的贫困问题依然会存在。考虑到贫困问题的复杂性，减贫、缓贫的公共政策体系仍然值得高度关注，特殊困难人群依然需要格外关心、格外关注、格外关爱。

针对深度贫困地区需要有长远的考虑，不能仅把着眼点放在贫困人口短期生存和收入问题的解决上，短期和长期措施要紧密结合，短期政策着重补齐"两不愁、三保障"的短板，长期政策要抓牢人力资本关键，以突破贫困恶性循环为着眼点，深度发力改善贫困人口的健康和教育。首先要大幅度增加深度贫困片区和重点县基础设施特别是农村公路和农村通信网络的投资，通过全面实现乡乡通油路、基本实现村村通硬化路，因地制宜采用无线 4G 网络和有线宽带相结合的方式，加大通信基础设施扶贫力度，通过更加便利的交通和通讯来缓解地理位置偏远对发展的不利影响。其次要大力改善基本公共服务，改善贫困人口的健康状况，提高儿童和成人的教育水平和素质，保证所有适龄儿童接受义务教育，基本医疗和大病救助全覆盖。特别应该关注儿童早期发展问题，从根本上阻断贫困的代际传递。针对偏远山村低年级儿童上学不便的突出困难，应重点改善偏远山村（如离乡镇 10 公里以上的山村）基础教育供给方式或就学交通条件。再次是进行文化建设，继承和发扬民族优秀文化，挖掘民族文化中有利于脱贫的要素，通过文化名镇名村和传统村落资源普查、建设民族传统手工艺产业提升基地、建立文化创意产业扶贫项目库、文化产业发展和文艺人才培养等改变不利于发展和脱贫的意识和观念。最后是短期和长期帮扶相结合。短期内重点解决贫困人口"两不愁、三保障"问题，短期内提高贫困人口的生活水平，使其收入达到贫困线，中央和地方的转移性收入会占贫困人口收入结构中很高的比例。但长期则需要重点解决发展动力和能力不足的问题，逐步减少转移性收入的比重，更多地通过产业发展、稳定就业和定期资产收益等来解决收入问题。

对于丧失内生发展动力的贫困人口，扶贫首先要"扶志"。扶志就是扶思想、扶观念、扶信心，提高贫困人口的生存、生产、发展能力。因此，需要改变目前过于强调"物质扶贫"、忽视"精神扶贫"的问题，通过开展文化扶贫，帮助这部分主观原因不愿意脱贫的贫困户树立"自力更生、勤劳致富"的正确观念。对一些生活条件很差的单身汉、懒汉主要应该是各种形式的精神帮扶，如从要求他们改变生活习惯开始，把改变习惯和行为作为帮扶的前提条件，通过引导将贫困人口发展愿望转化为提高自身能力的渴望。让他们参与各种扶贫项目边干边学，从了解扶持政策中增强自信心，从学知识、学技能、强素质中增强自信心，从边干边获得收入中增强自信心。这就需要地方政府和帮扶责任人做更细致耐心的工作。如甘肃省榆中县组织贫困村对贫困人口免费发放积分卡，通过参加村里组织的公益活动、义务劳动等获得相应的爱心积分，积攒完成一定的积分后可到帮扶单位、慈善机构、爱心企业以及社会爱心人士共同捐赠的"爱心超市"兑换商品，较好地激活了贫困人口积极向上的愿望、勤劳致富的内生动力。

对于独居老年人，需要探索制度化的家庭和社会共同养老模式，构建养老、孝老、敬老政策体系和社会环境，通过德治、自治、法治多措并举，改变子女不养老也无人过问的局面。如山东省临沂市政府出面成立"孝善基金"，所有子女每年都需要为父母提供养老资金，地方政府提供一定比例的配套资金，子女签订赡养老人协议，由政府将相关资金转给老年人。所有子女提供的资金都在村里公示、形成有效的监督，也化解了贫困老人赡养纠纷，从而使农村养老更加透明化和制度化，这一模式值得借鉴。又如山东省五莲县开展"互助养老扶贫"，以政府购买社会服务的方式，优先聘请有劳动能力的贫困妇女作为护理员，为贫困高龄或失能老人提供上门服务，同步解决"脱贫"和"养老"两个难题。对于没有能力和不愿意改造住房的老人，可以由政府通过配建安置、空闲房安置或租赁安置，委托村集体代为安排危房改造，通过采用公住房方式、多元化投资主体、清晰的产权界定解决安全住房问题，这样既解决了住房安全，也减少资源浪费，还能缓解村民之间的矛盾。

残疾人和大病病人需要靠制度化的社会保障政策来兜底，包括最低生活保障、大病保险和救助、康复治疗和日常照料等，建立动态筛查管理机制、定期巡查服务机制，建立医疗服务"留痕化"管理监督模式，为无子女或子女无赡养能力、日常生活需要照料护理的老弱病残贫困人员提供基本公共服务，解决看病难、看病不方便问题。中央和地方政府需要制定有效和可持续的救助政策和筹资方式，探索实施有条件的现金转移支付，确定每个受益家庭的受益额度，通过有条件的补贴、限制性的使用管理，制定具有可操作性的有条件转移支付方案。在不盲目提高标准的前提下，把建档立卡贫困人口医疗费用个人自付部分控制在一定比例内，解决看病贵、看不上病问题。

尽管中国特色社会主义进入新时代，但新标准下的贫困人口仍然会存在，"弱有所扶"是一项长期的历史工作。即使本轮脱贫攻坚期结束、全面建成小康社会基本建成，中国仍然有分两步走完成社会主义现代化强国建设任务。从实现共同富裕的目标来看，扶贫开发工作必须长期坚持，而且应该做到越来越精准。

郭晓鸣　四川省社会科学院研究员、博士生导师，四川大学、四川农业大学兼职教授。长期致力于农业经济理论与政策的研究。

乡村振兴战略的若干维度观察

郭晓鸣

乡村振兴战略的提出引起了各界广泛关注。历史经验表明，一个国家现代化过程中带来大规模的乡村衰退并非是必然规律，关键是要适时找到合理调整城乡关系和实施乡村振兴的时间窗口与机会窗口。我国在当前这个重要时间节点提出乡村振兴的全新战略构想，无疑是极具针对性的，需要立足于宏观视角对其中的若干关键问题进行深入思考和分析。

一、实施乡村振兴战略的现实背景

实施乡村振兴战略不应只是基于我国城乡差别仍然较大、农业和农村发展滞后于城市，这些问题虽然存在且不容忽视，但上述矛盾是长期存在的老问题，并非现在才凸显和更加尖锐。相反，在整个宏观经济下行的压力仍在持续加大的形势之下，我国农业和农村的发展在一定意义上堪称"一枝独秀"，不仅现代农业的整体水平在持续提升，农民人均收入增速持续快于城镇居民，而且新农村建设的强度和力度前所未有，减贫规模和成果不断创造奇迹。这些基本事实表明，我国的农业和农村总体上是持续发展的。在此背景下基于现实问题导向提出全面实施乡村振兴战略，表明农业和农村在持续发展的过程中仍然存在一系列需要高度重视并亟待解决的深层次矛盾，这些矛盾的日益加重不仅在一定程度上正在侵蚀改革开放以来在"三农"

领域付出艰辛努力所取得的巨大成效，影响和削弱农业农村自身的发展能力，而且还将不可避免地产生不利的全局性影响，危及我国经济社会的整体性稳定。就我国现实看，四方面的矛盾无疑是具有挑战性的。

一是要素非农化态势仍未扭转。虽然近年来持续推进统筹城乡使我国长期严重失衡的城乡关系有了显著改善，但总体上农村土地、劳动力、资金等基本生产要素大规模由乡到城单向流动的态势仍未改变。一方面，粗放的土地城镇化虽有所遏制但矛盾仍然突出，耕地大规模减少的矛盾不仅表现在数量上，而且表现在质量上。高速工业化、城镇化推进中所吞噬的主要是最肥沃的良田沃土，对农业现实生产能力的损害较为严重。另一方面，农业劳动力特别是素质相对较高的青壮年仍然主要是离乡进城的就业选择，不均衡的农村劳动力流动方式依然未能逆转，这一发展态势在损伤现代农业的发展根基。此外，当前农村资金总体短缺，金融抑制的矛盾依然尖锐，农民获得金融服务仍然较为困难。农村稀缺资金仍在大规模流失。

二是劳动力老龄化日益严重。受人口非均衡流动的影响，我国农村人口老龄化的问题比城市更为突出，未富先老的矛盾较为尖锐。目前大多数农村区域实际务农的劳动力平均年龄接近 60 岁，有的地方务农劳动力甚至出现从老龄化向高龄化发展的趋势。劳动力老龄化矛盾加剧不仅直接带来因供给不足而不断推高农业人工成本，而且促使老龄化的农村家庭由多种经营向单一经营转变，为自食而种地导致商品经济向自给经济倒退。在许多传统农村腹地，老农民、老品种、老技术、自给自足、粗放经营互为交织，结果是农业的低水平兼业化和粗放化不断发展，"谁来种地"成为普遍性的突出矛盾。还值得关注的是，农业劳动力老龄化进一步拉低了农业劳动力的教育水平，对农业技能培训产生不良影响。而自给性的农业生产取向使老龄劳动力缺乏有效技术需求，对采用新技术、新品种持保守态度，"如何种地"同样成为普遍面临的严峻挑战。

三是农村空心化矛盾不断加重。农村空心化是一个由农村人口过度外部流失引起的农村整体经济社会功能综合退化的过程。其典型表现形式是农村人口急剧减少，农村住房大量空置，农村公共服务有效需求显著降低，乡村社会治理水平同步下降，部分自然村落出现总体性衰败甚至消亡现象。如果从宏观的历史发展趋势审视，因农村人口减少造成部分村庄衰落是一个现代化进程中的共同趋势，在很大程度上是我国经济转型发展必然经历的阵痛和付出的代价，但合理的制度安排和政策设计，应当是必须力求使阵痛期更短和所付代价更小。假如任由"空心化"无限制地恶性扩展，必然产生不利于农业和农村稳定发展的负面影响。短期内农村人口特别是青壮年劳动力的过度流失，将直接导致土地经营粗放化，进而不仅造成农业产业升级受阻，甚至还会产生向自给性农业的倒退。此外，在人口非均衡流动的背景之下，"空心化"带来的并非单纯只是农民数量减少的问题，而是同时伴随着农村内部社会结构失衡矛盾的加剧。老龄化、妇孺化与空心化相互交织，造成农村普遍的家庭撕裂，社区邻里互助传统削弱、优秀乡村文明衰减，农村社会结构稳定性遭受破坏，社会治理面临较大挑战。

四是环境超载化问题依然突出。必须清醒地认识到，我国快速的经济增长是付出了生态代价的，而且对农业和农村领域的影响同样严重。我国农村不仅水土流失面积仍然在扩大，而且土地荒漠化的矛盾较为尖锐。特别是环境污染已经成为最为严重的问题：一是废弃物的污染。我国的农膜回收率和秸秆还田率都较低，农膜不能降解直接危害土壤结构，秸秆大规模焚烧则造成严重的大气污染。同时，目前规模化养殖业的快速扩张使农村面临的污染比过去任何时候都更为严重，而且治理难度不断加大。二是生活污染。过去很多农村的生活用水排放后可以自然消解，但是现在大量使用的洗衣粉、消毒液等不加任何处理后进入沟渠、耕地，造成日趋严重的水体和耕地污染。生活方式的改变使农村生活垃圾数量激增，其中绝大部分仍未加任何处理，成为导致农村环境恶化的又一重要根源。三是投入品的污染。我国农业增长过度依赖化肥、农药的格局总体上仍未扭转，投入量大、利用率低，大量直接进入水体和土壤，致使农村环境污染矛盾日趋加重。农村生态环境的破坏，不仅在一定程度上危及农民自身的基本生存，而且使农产品质量安全的矛盾持续加剧，这一现实问题已十分严峻。

事实上，上述矛盾虽然表征突出并且在一些方面还表现为有所加重的趋势，但总体上是显性的，人们的基本认识也相对一致。除此之外，还有三方面相对隐性的现实性严峻挑战尚未受到应有重视，尤其需要高度关注和积极应对。

一是不均衡发展。城乡之间发展不均衡是当前我国面临的基本矛盾，在农村内部，发展失衡的矛盾同样尖锐。就产业来看，现代农业的总体水平虽有较大幅度提升，但地域差异较大。在城市郊区、农业基础生产条件优越和交通相对便捷的区域，各种现代农业模式正以相当快的速度扩张性规模增长；而在偏远的传统农区，农业结构的转型提升不仅没有实质性进展，而且许多区域还呈现向自给性生产方式退化的逆向调整特征。由于缺乏劳动力和缺失产业支持政策，这些区域相当部分农户家庭又被动地回归到低投入、低产出的传统小农经济模式。正因如此，当前我国事实上面临着一些地区现代农业加快发展与另一些区域传统的精耕细作农业趋于衰落两种趋势并存的严峻现实，农业产业发展的区域失衡矛盾较为突出。

就区域来看，农村内部区域发展不平衡的矛盾同样严重。如上所述，在经济增长过程中部分农村人口不断离开，部分自然村落逐步趋于消失，这是城镇化发展不可逆的内在规律，是一个世界性的共同现象，我国也不例外。但问题的关键是即便部分农民离开了，土地也不能荒芜，产业不能萎缩，留守人口的经济收入和公共服务水平不能降低。发达国家的历史经验证明，农村人口减少并非注定逃不脱乡村衰退的厄运，人口数量持续减少的同时同样可以保持乡村稳定并完成现代化过程。但我国现在面对的严峻现实是，在一些地区特别是区位条件差和交通不便的偏远农村，伴随人口外流的是乡村全面性的深度衰退，村庄空心化与土地荒芜、粗放经营、产业萎缩在同一区域同时发生，在空间上完全重叠，与相对发达区域新农村建设所实现的深刻变化形成较大反差。

农村内部的产业和区域发展双重失衡的严峻现实，尽管具有阶段性发展特征的内在必然性，但当这种失衡超过合理限度而对全局性稳定增长过程构成威胁时，就必然地成为需要及时解决的紧迫性重大问题。因此，乡村振兴战略的实施绝不能仍然单纯是选择性地好上加好、锦上添花，进而继续加重农村内部业已发展失衡的状况，相反，乡村振兴应更加关注产业发展滞后和乡村衰退严重的重心区，必须突出贫困山区、民族地区和革命老区的区域重点，强化弥补短板，重视"雪中送炭"。

二是短期化增长。虽然我国现代农业在原有基础上实现了长足发展，但由于相应的制度缺失，缺乏完备的约束机制，产业发展过程中的短期化仍是一个较为突出的问题。一些地方政府仍然习惯于运用非市场手段直接干预农业产业发展过程，求大求快，不仅加剧供需脱节矛盾，而且成为为追求产业发展短期利益而不惜拼资源、拼环境的重要诱因。对各类生产者而言，由于缺乏有效的约束和监管机制，在利益最大化驱动之下，许多方面短期化行为更是恶性发展，主要靠化肥、农药增加产量，大量使用膨大素、瘦肉精等增加收入。正因如此，尽管近年来我国现代农业在产业结构优化、生产规模扩大和装备水平提升等重要方面成效显著，但不能过度满足于已有的进展，总体上还缺乏稳定的长效化产业发展机制。而且由此诱发的农产品质量安全和农村环境恶化问题，是农业短期化行为蔓延酿成的两大恶果，也是当前推进农业供给侧结构性改革和实施乡村振兴战略必须破解的关键性难题。

在推进新农村建设中，短期化的问题同样不容忽视。以行政力量推动，为整齐划一的新村建设不惜毁损乡村自然风貌，牺牲独特的乡村价值，冲击乡村文化和传统治理体系。此外，当前精准扶贫战略实施的短期化取向也是需要高度重视的问题。扶贫资源向贫困群体集中配置虽然有利于保证贫困农户按期脱贫，但在构建内生性长效机制方面总体上缺乏重要突破，重物质投入轻能力建设，重行政手段轻市场机制，重发展轻改革，都是当前脱贫攻坚中需要着力解决的突出问题。

三是虚假性繁荣。在现代农业发展和新农村建设中，各地都做出了较大努力，实现了多样化的突破性进展，发生了一系列极为深刻的重大变化，这些都是不容置疑的。但是不能不看到，受制度性因素影响，少数地方现代农业和新农村的发展表现为虚假性繁荣，有增长之形而无发展之实。一些连片集中的现代农业产业园和很多规模庞大的龙头企业，其现代化程度和农业装备水平，与任何发达国家相比也毫不逊色。但是如果撇开华丽的现代高端表象，深寻其背后的生存发展机理，就会发现这些产业园区和龙头企业远超其实际能力的先进的现代化外壳，实际上主要是由巨量财政补贴性投入制造出来的，虽然看起来很美，但有产出无盈利，离开财政支持就没有基本的市场生存能力。少数进入农业领域的龙头企业事实上是为了获取财政补贴。不合理的财政补贴方式扭曲了这些企业的行为方式，生产规模越大，补贴力度越强，报的项目越高端，获得的支持资金越多，由此导致一部分龙头企业可以不考虑投资的市场经济性，不重视基本的投入产出比，有现代化外部形象就能生存，能吸引眼球就可获取财政性资源。可以判定，局部地区现代农业发展表现为虚假性繁华的现象是客观存在的。其危害不仅是对我国农业通过现代化改造提升市场竞争力构成延缓性消极影响，而且使补贴政策不合理带来的财政支农资金低效使用的问题更为突出，加剧了财政支农资金不足的矛盾。

考察新农村建设的具体实践，虚假性繁荣的现象同样存在。在一些地区，为建新村而建新村，脱离现实需求基础过度强调提高集中度，以较高的建房补贴把部分已长期外迁农民的有限积累导向于原居住地的农房建设，虽然满足了地方政府打造美丽乡村样板的需要，但其实际居住功能的发挥受到直接影响。传统自然村落和新村聚居点双重空心化的产生是一个不合理的经济现象，在实施乡村振兴战略中需要总结其中的经验教训。

在上述显性和隐性挑战性矛盾的共同影响之下，我国农业在持续增长中越来越难以满足不断增长的优质安全农产品需求，乡村在不断改造中面临越来越大的保有良好生态环境的压力，农民在收入日趋多样化的同时实现稳定增长的难度不断加大。乡村振兴战略正是基于这样的现实背景提出来的。因此，乡村振兴战略在确切意义上应当是以优先发展和城乡融合为基本支撑，重点解决农业和农村发展中的突出问题，补齐现实短板，破解重大难题。

二、实施乡村振兴战略的路径选择

乡村振兴的战略指向是十分清晰的，关键是如何选择战略路径。如果路径选择不当，就会走入歧途，以致后患无穷。从宏观层面看，基于当前现实需求的乡村振兴应当选择五个方面的关键性战略路径。

第一，全面深化改革为乡村振兴提供关键性动力。乡村振兴必须在更深层次上从城乡两端全面激活资源，释放制度潜能。我国的改革是从农村起步的，农村改革不仅实现了农业和农村自身的历史性巨变，而且为我国经济整体的改革发展提供了重要的基础性支撑。就当前乡村振兴战略的实施而言，根本性的动力源仍然是改革，小改小调的改良式推进方式是不足以从根本上解决不均衡、短期化、空心化等深层矛盾的。因此，全面深化改革是乡村振兴的重中之重。只有更大力度地深化土地制度、农业经营制度、集体产权制度等关键领域的改革力度，更具针对性地优化和创新农业支持政策及农村公共政策，才能有效释放改革红利，破解发展难题，通过双向激活城乡资源提供乡村振兴新的发展动能。

第二，完善市场机制为乡村振兴奠定基础性支撑。尽管乡村振兴需要政府和市场两种力量共同发挥作用，但市场机制的力量应当是决定性的。政府在制定振兴规划和支持政策，以及建立监测评估机制等方面的重要作用当然是不可替代的，但政府的作用边界应当有所限制，不应无所不能，不可无所不为，特别是不能以超强的行政手段高度集中和分配资源的方式来推进乡村振兴，绝不能以损害乡村发展中要素配置机制和产业发展中的市场运行机制为代价来实施乡村振兴战略。强化行政干预的非市场化推进方式，虽然也能轰轰烈烈地在短期内见到成效，但由于没有长效性的市场制度支撑，其推进过程必然缺乏基本的稳定性和持续性，或者只能高成本打造无法复制推广的典型样板，或者短期取得的示范成效因支持政策不能持久延续而发生显著的效应衰减。乡村振兴战略本身具有的全面性和长期性特征，内在地决定了必须主要依赖完备的市场机制持续推进，如果以改革倒退为代价逆向而行，则必然产生长期性的制度危害。

第三，强化城乡融合为乡村振兴创新体制机制。乡村振兴不是封闭的，不能只是局限在乡村内部重建和提升。新的历史条件下的乡村振兴必然是开放性的，必须有城乡双重资源的集合和集成，既有农村内部资源的激活集聚，又有城市外部资源的整合进入。城乡融合并非简单是统筹城乡条件下的发展资源数量的分配过程，不是一块蛋糕在城与乡之间如何切多切少的问题。进一步而言，乡村振兴不应该是城市对乡村的恩赐式的福利给予，也不是乡村对城市的被动式的资源接受，更不是强势的城市对弱势的乡村新一轮肆无忌惮的利益剥夺。城乡融合意味着城乡发展战略思路的重大调整，由城对乡的带动发展变为城与乡的共同发展。城乡融合至少包括城乡资源平等公平的自由交换、城乡产业一体的共同发展、城乡互动性共存三方面的主要内涵。因此，通过城乡融合实现城与乡互利共赢，进而构建共生共存的新型城乡关系，是实施乡村振兴战略的根本要求，不管是要素融合、产业融合，还是空间融合，构建城乡一体融合发展的体制机制都是关键性的制度支撑。从另一角度看，以城乡融合实现乡村振兴具有多元政策目标，不仅要保障原有户籍乡村人口的基本权利和利益，而且也要保障新进入乡村发展群体的基本权利和利益。乡村振兴虽然要承担对传统乡村进行现代化改造的历史使命，但绝不是对立式地以城市元素代替乡村风貌，以城市文明取代农村文明。

第四，坚持发展提升为乡村振兴明确目标指向。乡村振兴是基于破解现实矛盾的新的战略构想，主要是通过深化改革和创新政策解决乡村发展中各种紧迫性的突出问题。因此，乡村振兴不是简单地回归历史，不是不加区分地全盘否定现实重回传统的乡村社会。现在存在一种对改革以前甚至更长历史时期的男耕女织、炊烟袅袅、鸡鸣狗吠的传统乡村生活近乎诗意般的怀旧幻想，有意或无意抹掉了当时条件下极度饥饿和穷困的严酷事实。虽然在生态矛盾加剧的背景下传统乡村曾经的无污染的生活环境的确具有回归吸引力，但在当今日益注重生活品质和生活便捷度的新的消费需求影响之下，无发展地原样回归生产和生活方式都极为落后的传统乡村，既是十分困难的，也是不可行的。在新的历史阶段，乡村振兴必须是发展中的振兴，是现代条件下从传统乡村向现代乡村的根本性转型发展，是城乡深度融合下乡村功能的全面发展和提升。推进乡村振兴过程中要有更好的产业发展基础，要有新的产业构成和经营方式，要有效培育乡村旅游、康养农业、创意农业、农业电商等新的业态，要打造更优美的乡村空间形态和更高质量的社会公共服务，要创建更优质的生态环境和实现更好的文化传承。

第五，推进适度规模为乡村振兴提供基本引领。尽管当前我国在现代农业发展不断提速的同时传统小农的数量总体上趋于减少，但现实表明，小农数量减少和小农转型发展是并行存在的，而且小农生产与现代农业发展也是可以相融共存的。我国的农业资源禀赋不仅内在地决定了在农业产业发展中小农生产在较长时期内都是不能忽视的重要主体，而且在农业经营方式的选择中决不能脱离资源稀缺的现实约束走规模偏好之路。在推进土地流转和规模经营实现产业振兴的过程中，应在防止单一规模偏好倾向不合理发展的同时，更加关注支持专业大户、家庭农场和农民合作社等本土性新型经营主体加快发展，其经营规模虽然与龙头企业比相对较小，但与农民的利益关系更为密切，更加注重把土地规模严格控制在自身的实际经营能力之下，更加重视规模理性，因而经营稳定性和对小农的持续带动性相对更强。因此，乡村振兴中不论是特色生态种养业的提升性发展，还是以产业融合为基础的乡村旅游业的功能性拓展，总体上都不能一味追求大规模扩张。应坚持适度规模的基本取向，合理推行入股、托管、联耕联营等多种方式，着力发展生产性服务业，健全社会化服务体系，以适度规模政策引领现代农业发展。

三、实施乡村振兴战略的潜在风险

从根本上看，乡村振兴是全新战略理念下的创新型发展，必须选择新思路、启用新方法。乡村振兴不应是原有"三农"工作的简单加强版，不能"新瓶装旧酒"，以老手段对付新挑战。目前，乡村振兴热遍及农村区域，各地政府热情高涨，响应及时，动作快捷，表现出希望尽快改变乡村发展现状的很强的机遇意识和行动能力。但是，在普遍的发展热潮中尤其需要有冷静的理性思考，必须在深刻吸取已有教训基础上进行防范潜在风险的预警性分析。概括而论，四个方面的潜在风险是特别需要重视和有效防范的。

一是过度行政化。当前，原有体制惯性影响乡村振兴战略实施的实际进程是最需要警惕的方面，要特别防止单纯利用行政手段对乡村振兴下指标、定任务，求多求快、求大求全，超越现实基础，不充分考虑区域差距和差异的现实约束，人为提挡加速，弯道超车，追求短期速效。或者简单化地采用熟悉的老思路和旧方法，统一要求、一刀切推进，仍然热衷于不计成本地塑造典型，打造样板。或者不惜以与改革方向背道而驰的方式收回已经下放的各种权力，重新集中掌控各类资源，通过强化行政干预能力来快速实现政绩化的乡村振兴。

二是过度形式化。要防止在推进乡村振兴过程中重物不重人的偏向，不是坚持以人为本，不能把维护农民和农村社区基本权益视为实施乡村振兴战略的核心要求，相反把建房修路和外在形象塑造放在突出的中心位置，搞一些不切实际的花架子，高成本实施高大上的形象工程，甚至只注重简单移植城市文化元素，把咖啡屋、小酒馆、外国农庄、异域城堡等一窝蜂地导入乡村。厚重的乡村文化价值、历史价值、情感价值遭受较严重的冲击，乡村振兴因此走偏或者迷失方向，进而蜕变为失去吸引城市居民所独有的异质性特征的异化过程。

三是过度产业化。实施乡村振兴战略中产业兴旺虽然十分重要但并非唯一任务，而是同时包含社会、文化、生态等多元目标。因此，要防止在乡村所有领域无所不在地选择产业覆盖，特别是在新村建设过程中，相当数量的新村聚居点最重要的功能应当是生态宜居，并非所有的村落改造提升都需要或者能够发展休闲、观光、度假等乡村旅游产业。应当清醒地认识到，任何产业发展都客观存在供求平衡的市场规律，虽然农业与乡村旅游的一三产业融合具有较大的发展空间，但同样需要防止主要由行政力量推动的超越现实需求的过度和过量扩张，造成因产业供过于求带来较大的利益损失。

四是过度外部化。在新的历史条件下，乡村振兴是一个开放性的发展过程，既不能主要依靠乡村内部的有限的自积累加以推进，又不可能完全依靠政府的财政投入予以支撑，吸引城市社会资本进入将是一个无法回避的重要选择。大量实践证明，合理引入城市资本进入乡村发展领域具有难以估量的巨大资源激活效应。但是，城市资本的进入应当是有门槛和受管控的，如果无条件和无限制地引入城市资本，在这个过程中最重要的利益主体农民和农村集体经济组织被边缘化，甚至被无情挤出，农村稀缺的土地和生态资源再次被低价剥夺，这样的乡村振兴的持续性和稳定性必然会受到严峻挑战。

四、实施乡村振兴战略的突破重点

乡村振兴涉及产业发展、村庄建设、社会治理、生态保护和文化传承等方面，既面临原有矛盾的累加，又存在新的挑战的增长，任务十分繁重，必须抓住重点、注重选择，在关键领域和重点方面率先进行机制构建上的突破，以制度机制创新为基础实现有序推进。基于现实条件的基本分析和判断，当前推进乡村振兴应当以构建四大机制为突破重点。

一是以乡村振兴规划体系为先导的约束机制。当前一些地方乡村发展之所以乱象丛生，较大程度上是与乡村规划缺失或者缺乏基本约束力直接相关的。推进乡村振兴如果依然有激励而无约束，已有的滥占滥用土地和加重环境压力等混乱现象，就可能在外部资本大规模进入的背景下变本加厉地发展。因此，在城乡人口双向流动已经成为常态，过去以户籍决定的乡村固化的居住形态逐步发生改变的新的背景下，必须坚持规划为先、规划导向、规划约束，应当依据一定区域产业发展和人口变动的未来趋势，从科学重塑乡村地域空间系统的战略高度，全面制定和优化乡村振兴规划体系。特别是要加快编制不同区域全覆盖的村庄空间布点详规，对乡村振兴中的农业产业布局、村庄空间优化以及资源和环境保护发挥关键性的引领作用。在此过程中，要特别重视强化规划的强约束作用，防止随意调整和改变规划，有效抑制突破规划要求的乡村振兴。同时，应同步构建与乡村振兴战略规划内在特征和实施要求相适应的长效考核评估方式，建立科学全面的乡村振兴动态监测指标体系和监测方法，确保乡村振兴战略的全面实施成为一个规范有序的过程。

二是以土地制度改革为重点的动力机制。农村土地资源是我国农村最具潜力的自然资源，通过深化农村承包地和宅基地"三权分置"改革、承包地和宅基地退出改革、集体经营性建设用地入市改革等一系列重大的关联性改革行动，不仅可以为受现代农业发展和乡村重建吸引的城市资本打开新的投资空间和渠道，而且能够推动激活农村要素与促进城市资本下乡高效对接，为乡村带来动力强劲的社会资本。以土地制度改革为重要引爆点，实现城乡两端双向能量释放，进而牵一发而引动全身，催生乡村产业重构、乡村集体经济组织重构、乡村聚落形态重构、乡村治理模式重构等一系列全方位的深度变化。

三是以优化政策体系为关键的支撑机制。乡村振兴是以城乡融合为基本手段的重大战略选择，如果不能更进一步突破性地打破城乡二元体制，实现城乡之间发展要素的平等对流，基础设施、公共服务和社会治理的平等覆盖，乡村振兴的实质性推进将是十分困难的，或者也只能是徒有其表的表面文章。实施乡村振兴战略必须突破原有的城市与乡村相互分离脱节的两套政策框架，要以城乡一体的政策融合为基本指向，重点在构建与乡村振兴相适应的新的政策体系上实现突破，要在对现有相关政策进行有针对性的分析评估基础上，主要从政策优化、政策整合、政策创新三个维度同时发力，提升政策效力、强化政策合力，消除政策空白，形成能够有效满足乡村振兴需求的体系化的政策方案。

四是以绿色发展为核心的引领机制。当前农业和农村发展都面临较大的环境压力，改变以牺牲生态环境为代价的短期化增长模式，实现发展方式的根本转变，构建绿色生态的新的发展引擎，是实施乡村振兴战略的基本要义。当务之急是必须明确目标任务，强化制度约束，在保证农业农村优先发展的基础上重点推进生产、生活和生态"三生"融合发展，以稳定产品功能、强化生态功能、突出生活功能为基本指向，全方位再造生态种养业、生态旅游业和生态加工业，使绿色发展贯穿所有产业环节、产业形态、产业空间，实现对原有农业产业体系的根本性绿色改造。要强力实施绿色生活方式，通过政府导向、自主参与和社会合作三位一体地强化乡村人居环境综合治理，通过构建有效补偿机制加大乡村生态环境的保护和修复。同时，还应积极推进在城市环境中融入农业，促进城市居民与生态农业的"零距离"接触。除进一步推动发展生产者和消费者直接对接的"社区支持农业"模式外，还应在城郊地区探索以"分享、体验、收获"为主要特征的多类型生态化市民农园；在城市内部发展阳台农业、住宅微农业、屋顶农业、城市公共景观"微农田"、城市农业公园等新业态和新模式，形成立体化、多层次的城市农业景观。总之，在推进乡村振兴的过程中，任何非生态的发展方式都必须以最严格的制度规范加以扼制，绿色发展应当贯穿现代农业和乡村建设的所有环节，成为推进乡村振兴最基本的发展引领。

何玉长　上海财经大学经济学院教授，博士生导师。著有《国有公司产权结构与治理结构》《发达国家的社会发展战略》《论中国浅内陆省区域经济的发展》《批判与超越——西方激进经济学述评》《新中国经济制度变迁与经济绩效》等。

方　坤　上海财经大学经济学院博士研究生。

人工智能与实体经济融合的理论阐释

何玉长　方　坤

以计算机为核心的人工智能是 21 世纪的前沿科技，也是当前和未来生产力发展和经济增长的强力引擎。中国计算机科学一直在追赶世界先进水平，但人工智能技术和人工智能产业却异军突起，"弯道超车"进入世界先进行列。当前中国经济正处在结构转型、产业升级和振兴实体经济的关键时期，亟须人工智能技术为之助推。人工智能开发和利用已经成为国家战略重点，中国正在积极抢占人工智能领域制高点，着力实现人工智能技术与实体经济的深度融合，以人工智能技术带动智能经济发展和促进经济社会进步。为此，有必要从理论上阐释人工智能与实体经济深度融合的相关问题。

一、人工智能与实体经济

（一）人工智能及其生产力要素

当前热议的人工智能（Artificial Intelligence，AI）是新一代人工智能，即 21 世纪初计算机与大数据、互联网等现代信息技术结合的新兴科学技术。在 20 世纪 60

年代，计算机还只是作为高速运算工具，仅仅应用于高端科技、高等教育和国防领域。新世纪以来，随着计算机的升级换代，与互联网、大数据的结合，由此产生新一代人工智能，并广泛应用于国民经济和社会生活。由此，以人工智能为支撑的智能产业和智能经济也随之产生和发展，并带来了社会生活的深刻变化。加快人工智能与实体经济的深度融合，大力开发智能产业和智能经济，将对中国国民经济和社会发展产生深远的影响。

何谓人工智能？美国麻省理工学院（MIT）的帕特里奇·温斯顿（Patrick Winston）认为："人工智能就是研究如何使计算机去做过去只有人才做的智能工作。"也有归类"人工智能既是计算机学科的一个分支，也是计算机科学与数学、心理学、哲学和语言学等学科的综合"。理解人工智能，先要认识到人类作为智能性动物，在感知、思维的基础上，可实施自主行动，在外界作用下可自我调节。人类正是凭借自身智能才创造出人工智能。人工智能科学，旨在运用计算机来模拟人的某些思维过程和智能行为，实现智能化的运行机制；也通过制造类人脑智能的计算机，并应用于经济社会领域，从而实现人类活动目的。

人工智能是当代先进的科学技术，是当之无愧的科技生产力。人工智能技术应用于国民经济活动，并非以独立要素加入生产劳动过程，而是通过渗透于生产力各要素，综合作用于生产劳动过程。

首先，从生产力主体要素劳动者来看，人工智能的主体是具有人工智能专业技能与工作经验的智能劳动者（包括科技工作者和操作人员）。人工智能技术发明和应用的主体是人类本身，人工智能是人类科技劳动的产物；反过来看，人工智能也是实现人类活动目的的手段，人类是人工智能服务的对象。现代劳动力要熟练掌握人工智能相关技术，需要经过专门训练，方能胜任智能经济活动对劳动力的岗位技能要求。这种智能型劳动者正是人工智能生产力中最能动的要素。当然，这种智能劳动者也有层次差别，既有从事智能技术发明和设计的科技人员这类高端劳动者；也有从事人工智能设备运行、管理与维护工作的专业劳动者；还有人工智能工具操作层面的普通劳动者。但这也比传统生产条件下的普通劳动者的要求更高，其劳动也相对更复杂。从生产力主体要素来看，人工智能应用带来相关产业劳动力数量规模下降的同时，却对劳动力素质的要求大大提升。

其次，从生产力客体要素劳动工具来看，人工智能的客体是高科技的、智能化的生产工具和设备。人工智能工具和设备不同于普通生产工具就在于其智能特征，具有机器学习功能，部分代替人脑功能。人类制造出机器人，而机器人接受外界信息后可自主决策和调整行为。人工智能所涉及的计算机、互联网、机器人、大数据等，都是人们生产活动的工具或手段，这些智能工具比传统生产工具先进之处在于代替了部分人脑功能，在使用过程中比人力操作更准确和高效。智能工具的应用是对人类体力劳动的解放。目前，人工智能工具主要是专用型智能设备，尚无哪种机器人可以通用于各行业。人工智能技术代表着先进生产力，使用人工智能工具、设备和手段，比使用普通生产工具、设备和技术手段具有更高的生产效率。从狭义角度看，人工智能也就是生产力要素之一的劳动工具。本质上说，劳动工具是人手的延伸，人工智能本质上是工具而不是人力，是为人类所驱使的生产劳动工具，人工智能也是人手的延伸。即使在"无人工厂""数字车间"，机器人背后还是由人力所控制。

再次，从生产力另一客体要素劳动对象来看，人们运用人工智能技术开发了新的经济活动领域，扩张了生产劳动对象的范围，创新了生产劳动对象。如，信息与数据就成为智能经济领域新的劳动对象，人们对信息收集和数据处理也是对劳动对象的加工过程。人工智能技术的运用，也使得劳动者在同等劳动时间内控制和使用劳动对象的规模更大了，同时劳动对象的空间范围也扩大了。在传统劳动方式下，人手和机器作用仅限于所及范围，对于地下深层、海洋深水、远程或高空，以及人类体内的微观部位等，往往是人力不可及的；而如今在人工智能条件下，劳动者大可运用人工智能工具和设备操作达到目的。人工智能工具和手段作用于劳动对象，具有远程遥控、定位操作的功能；操控者将人工智能工具作用于劳动对象，更具有靶向性和精准性。

根据马克思主义原理，科学技术也是生产力。人工智能技术广泛应用于国民经济活动，其运行机制是通过生产力要素的综合作用而实现的。人工智能作为先进生产力应用于国民经济具有独特的优势。一是人工智能具有数据收集和信息处理功能。人们运用人工智能技术，借助大数据手段，可快速收集和处理市场信息，有利于经济主体科学决策，克服市场固有的盲目性所带来的经济波动；建立在大数据的基础上，智能企业可实施定制化生产经营，从而大量节约人力和物质投入，降低生产成本，提高生产效率。二是人工智能具有智能控制和精准管理功能。人工智能运用于经营管理活动,通过数据处理、方案筛选和自动纠错功能,使人们在经济活动中有效控制、精细化管理、精准操作,从而减少资源浪费。三是人工智能具有资源共享和溢出效应。通过互联网尤其是物联网的作用,可实现各类资源共享,促进产业协作、信息共享和产供销一体化,从而提高资源配置效率。产业智能化升级也会推动相关产业技术进步,以适应产业智能化的要求。四是人工智能运行具有节能减排优势。人工智能运行的动力源基本是电动能源,其运行过程碳排放少,具有节能环保、绿色低碳的效果。总之,人工智能就是一场新的科技革命,其对社会生产力提高的影响超过以往任何时代。正如麦肯锡全球研究院所认为:"人工智能正在促进人类社会发生转变。这种转变将比工业革命发生的速度快 10 倍,规模大 300 倍,影响几乎大 3000 倍"。

(二)实体经济及其价值基础

人类历史表明,任何一次科技革命都带来社会生产力跨越式发展和经济加速增长。人工智能作用于国民经济和社会生活,与实体经济融合会产生出巨大经济效能,带来劳动生产率提升和经济增长。人工智能应用于经济活动,通过智能机器代替人力,使人类劳动力获得极大的解放。人工智能与实体经济融合的中间环节是互联网,而互联网就如同机器工业系统中的"传动机",通过互联网的链接,方可将人工智能融合到各个行业,尤其是应用到实体经济各个生产环节中去。因此,互联网是人工智能应用的重要基础设施。

实体经济是国民经济的主体,实体经济创造的产品是人类社会生存和发展的基础。"实体经济是以实际资本运行为基础的社会物质产品、精神产品和劳务活动的生产、交换、分配及消费活动。金融、房地产、期货等是虚拟经济,但其提供的社会服务也创造 GDP,其虚拟部分是指脱离实际资本并以虚拟价值的形式表现出来的经济活动"。社会物质产品生产和物质生产劳动是人类生存和一切历史的前提,传统的实体经济就是产业资本运行的经济活动,传统的生产性劳动就是物质生产部门的劳动。马克思说:"我们首先应当确定一切人类生存的第一个前提也就是一切历史的第一个前提,这个前提就是,人们为了能够'创造历史',必须能够生活。但是为了生活,首先就需要衣、食、住以及其他东西。因此第一个历史活动就是生产满足这些需要的资料，即生产物质生活本身。"随着社会生产力的发展，服务品和精神文化产品的创造，实体经济和生产性劳动的外延进一步拓展。

实体经济部门创造社会产品价值，实体经济部门的劳动是生产性劳动。马克思在《资本论》第一卷中，分析了实体经济的产业资本运动，揭示了商品价值和剩余价值的创造过程。在现实经济生活中，从社会总产品及其价值创造来看，无论是第一部类生产资料的生产，还是第二部类生活资料的生产，无论是一次产业直接提供的最终产品，还是多环节产业链提供的中间产品，实体经济总可以以最终产品计算出总产值。现代经济中，最终产品当然也包括精神产品和服务品，故国内生产总值（GDP）包括农业、工业和服务业三大产业创造的价值。坚持实体经济为主体，并非产业结构低端化，先进装备业和新兴服务业也很"高大上"，人工智能融合实体经济就是升级实体经济。现代化经济体系要求产业均衡和结构合理，中国由于农业和工业比重较大，显得产业结构低端，与现代化经济体系有差距。但在中国这样的经济大国，在经济全球化时代，中国强大的内需市场加上广大的国际市场，已经为实体经济发展提供了广阔的市场空间。在发达国家长期"去工业化"和中国一度出现"弃实就虚"趋势的情况下，坚持实体经济为主体尤为重要。

实体经济创造的财富满足社会居民生活、国民经济活动与社会发展的需要。故作为先进生产力的人工智能技术，必须首先应用于实体经济，创造出最大价值的社会产品，才能最大限度地造福于民。所谓人工智能与实体经济深度融合，乃使人工智能技术应用于实体经济的关键领域，带来产业创新，促使产业升级和优化经济结构。人工智能技术应用于实体经济物质生产部门，可在现有资源条件下，创造更多的物质产品，通过智能制造以满足居民生活和国民经济的物质需要；人工智能应用于服务业，将促进传统服务业升级和新兴服务业发展，智能服务以满足居民生活和社会发展对服务消费的需要。

人工智能作为生产要素与实体经济其他生产要素融合，在生产过程中共同创造产品价值。在产品价值构成（C+V+M）中，C部分包含智能劳动资料的投入，V部分包含智能型劳动力的投入，M部分则包含智能型劳动者与智能劳动资料结合所创造的剩余价值或赢利。通过商品市场交换，产品价值得到实现，从而使人工智能要素所有权也得到补偿，在分配中也使各要素所有者各得其所，其中包括人工智能生产要素的回报。有人提出，鉴于机器人参与了产品制造，也应与劳动力一样得到报酬。这里应该明确的是，人工智能（包括机器人）的价值消耗是物化劳动的消耗，这种消耗也如固定资本消耗一样，其价值也是逐步转移到新产品中去，其价值补偿对象是智能型生产要素的产权所有者，即机器人的所有者。因此，所谓给机器人支付报酬问题其实是子虚乌有。如果说人工智能对国民收入分配确有影响，那就在于：一是智能型企业相对于普通企业，凭借其经营结果可获得高于平均利润的超额利润；二是智能型劳动者相对于普通劳动者，凭借其劳动结果可获得高于普通劳动报酬的高薪报酬。

实体经济采用人工智能技术的直接后果是解放劳动力和提高社会生产力。一方面，人工智能技术应用于实体经济，解放了大量普通劳动力。人工智能使产业生产劳动过程中智能设备代替人力，部分生产岗位由机器人代替劳动力，这是对劳动力的解放，不必担心人工智能造就失业人口。由于人工智能应用于产业，其结果也使得智能产业资本有机构成会进一步提高，智能设备替代人力会出现相关产业剩余劳动力现象。这个问题的解决，可采用改革工作日制度的办法，如缩短工作时间，或实施半天工作制，等等。另一方面，人工智能技术应用于实体经济，进一步提高了社会生产力。人工智能应用于实体经济，就是先进的科学技术在实体经济中的应用。这也是个复杂劳动过程，在等量劳动时间会带来产品总价值增加和单位产品价值降低，智能产业的固定资本相应增加，但随着生产规模的扩大，产品的边际成本会逐渐减少，产品平均成本趋于降低，产品边际收益趋于提高。因此，率先采用人工智能技术的企业将获得超额利润。随着人工智能技术广泛推广，竞争机制作用下智能产业普遍降低生产成本，必将提高生产效率和经济效益，促进社会生产力的提高。

二、人工智能融合实体经济的客观必然性

当前中国人工智能技术和人工智能产业发展已经处于世界先进水平，人工智能技术和智能产业发展规模都可与美国、欧洲、日本比肩。从目前中国人工智能技术及其应用状况，人工智能产业和智能经济发展状况来看，中国已经为人工智能与实体经济的深度融合、推进实体经济智能化和国民经济健康发展创造了良好

的客观条件。

　　首先，中国人工智能产业规模居世界领先且呈加速增长趋势。"根据艾瑞咨询公开数据显示，中国人工智能产业规模加速增长，2016 年达到 100.6 亿元，比上年增长 43.3%，预计 2017 年增长率将提高至 51.2%，产业规模达到 152.1 亿元，并于2019 年增长至 344.3 亿元。据赛迪公开数据显示，2015 年全球人工智能市场规模为 1683.9 亿元，预计 2018 年将逼近 2700 亿元，年复合增长率达到 17%。另据麦肯锡预计，到 2025 年，人工智能应用市场总值将达到 1270 亿美元。"2012 年以来，中国经济进入新常态，GDP 年增长率 6%—7%，而同期人工智能产业增长率却数倍于 GDP 增长率。中国人工智能技术及其产业发展已经与美国、欧洲和日本等国相近，处于全球先进水平。中国一些智能型企业和智能产品已经在国际市场上占有相当份额，尤其是互联网产业位于世界前列，这都为中国人工智能融合实体经济起到了引领作用。

　　其次，中国人工智能企业和融资规模处于全球第一方阵。从国际范围来看，目前人工智能企业数居前几位的主要有美国、中国、欧洲、日本。"2012—2016 年，全球人工智能企业新增 5154 家，是此前 12 年的 1.75 倍。全球人工智能融资规模达224 亿美元，占 2000—2016 年累积融资规模的 77.8%。仅 2016 年融资规模就达到92.2 亿美元，是 2012 年的 5.87 倍，与 2000—2013 年累积融资规模相当。2000—2016 年，美国累积新增人工智能企业数 3033 家，占全球累积总数的 37.41%。但美国每年新增人工智能企业数占当年全球总数的比例在下降，到 2016 年首次低于30%。2000—2016 年，美国人工智能融资规模累积达 207 亿美元，占全球累积融资总额 71.8%。2016 年占比降至 64.49%"。中国人工智能企业数量和融资规模，新世纪以来发展迅速，"2000—2016 年，中国人工智能企业数累积增长 1477 家，融资规模累积达 27.6 亿美元。其中，2014—2016 年三年是中国人工智能产业发展最为迅速的时期。三年里新增人工智能企业数量占累积总数的 55.38%，融资规模占总量的 93.59%。"在人工智能技术应用上先走一步的智能企业为中国人工智能与实体经济融合奠定了基础。

　　再次，中国机器人产业发展已经处于世界前列。机器人是人工智能技术和装备的主要标志，机器人制造和使用状况体现一国智能化水平。中国近年机器人产业发展迅速，机器人制造和现役机器人使用的绝对数已经处于全球前列。根据中国电子学会的调查统计，"预计 2017 年中国机器人市场规模将达到 62.8 亿美元，2012—2017 年平均增长率达到 28%。其中，工业机器人 42.2 亿美元，占 67%；服务机器人 13.2 亿美元，占 21%；特种机器人 7.4 亿美元，占 12%。中国工业机器人约占全球市场份额的三分之一，是全球最大工业机器人应用市场。"机器人产业是人工智能产业的核心，以机器人装备和应用于实体经济，以机器人产业带动人工智能融合实体经济最为关键。中国机器人产业发展为人工智能融合实体经济创造了装备条件，是实体经济智能化的技术和物质基础。

最后，中国人工智能专利数年均增长率上升为全球之首。中国和美国人工智能专利数保持稳定的增长速度，处于全球领先地位。"2000—2016 年，中国人工智能专利数 34000 项，美国人工智能专利数为 27000 项；最近 5 年，中国人工智能专利数年均递速为 43%；超过美国的人工智能专利年均增速（21.7%）"。人工智能专利数据状况既体现了中国在人工智能领域的应用研究成果处于世界先进水平，也体现人工智能专利转化为现实生产力的发展潜力，还为人工智能融合实体经济提供了技术条件。

然而，相对中国庞大的经济体量，作为一个制造业大国和实体经济大国，人工智能在中国实体经济的推广应用上还非常有限。一方面，中国存在人工智能技术开发与产业应用脱节的现象，人工智能在企业中的应用程度较低，广度有限。另一方面，中国实体经济的智能化程度还较低，尤其是制造业智能化水平和智能应用率不高，农业智能化程度更低。面对人工智能科技带来的全球竞争，中国新常态经济发展亟须开发新的经济增长点，通过人工智能推动实体经济做实做强，促进现代化经济体系建设，实现人工智能与实体经济深度融合势在必行。

第一，人工智能融合实体经济是现代化经济体系建设的需要。中国市场经济体制改革已经打造了较完备的市场经济体系，但还远够不上现代化水平，中国需要在实体经济的基础上建设现代化的经济体系。现代化经济体系要求市场机制完善和市场发育成熟，产业体系完备和产业结构高端，区域经济布局合理和注重经济增长质量，以及宏观经济健康发展和国家经济安全。其中产业体系完备是现代化经济体系的核心要求。当前强调人工智能融合实体经济，重点在于人工智能应用于现代农业、新兴制造业和新兴服务业，提升实体经济智能化水平。建设现代化经济体系，亟须完成产业结构由中低端到高端化的转型，由低附加值产业向高附加值产业转型；经济增长方式由注重规模到注重质量转型，由粗放型到集约化的方向升级；建设现代化经济体系，既坚持以我为主、产业结构合理、产业体系完备，又开放包容、融入全球化；建设现代化经济体系，关键要建立在先进生产技术和设备基础上。以实体经济为主体的现代化经济体系迫切需要人工智能、大数据、云计算、互联网为之提供技术支撑。

第二，人工智能融合实体经济是制造业转型升级的需要。中国传统制造业的技术装备总体上比较落后，传统制造业智能化普及率较低，传统制造业还面临调结构、去产能、降成本、增效益的压力，这都给传统制造业智能化升级带来很大困难。中国新兴制造业发展规模也较小，发展进程迟缓，新兴制造业装备智能化的任务还很艰巨。中国制造业以传统生产方式为主，以劳动密集型和粗放式经营为主，使之缺乏国际市场竞争力。中国低端制造业存在耗能高、成本高和质量低、利润低的矛盾，多年积累下来的产业结构失衡和产能过剩的问题也很突出。由此造成中国整体产业结构低端化，工业制成品处于全球产业价值链的低端，制造业盈利能力较弱，在国际市场竞争中处于不利地位。从一定程度上说，制造业的智能化决定着实体经济的智能化。因而，人工智能融合实体经济的关键在于制造业的智能化升级，智能制造势必走在实体经济智能化的前列。

第三，人工智能融合实体经济是服务业智能化的需要。在中国服务业总量中，传统服务业比重较大，经营和服务手段较落后。目前中国商业零售业、餐饮酒店业、旅游业等，主要还是延续传统商品流通和经营方式，人工智能技术应用有限。中国金融、信息、物流、商务等新兴服务业占经济总量的比重较小，人工智能应用程度和智能化水平都不高。因而，新兴服务业亟待加速发展，有赖人工智能做技术支撑。中国物联网商业和共享经济虽然发展很快，但职业标准滞后，运营管理跟不上，相关法规也未跟进。这些都为人工智能融合服务业、提升服务业和打造智能服务提出了新要求。人工智能在服务业全行业应用是提高服务质量和提升服务品竞争力的客观要求，中国亟须传统服务业智能化升级和新兴服务业智能化装备。

第四，人工智能融合实体经济是智能技术功能扩散的需要。目前，中国人工智能产业主要集中在北京、上海、广州和深圳这些特大型城市，其他地区人工智能技术应用都发展滞后。人工智能技术开发在京、沪、广、深的聚集效应客观存在，但人工智能应用的普及程度却非常有限。各地区大量分散的中小企业不利于发挥智能设备应用的规模效应，由此抑制了人工智能技术的应用。由于人工智能技术与设备成本高、技术要求高，采用人工智能技术和设备客观上要求一定的规模效应，这对小企业来说是难以匹配的。中国人工智能技术尚处在弱智能化阶段，行业、企业、产品的多样性，使人工智能的推广应用受到相当的限制。人工智能设备通用性弱、小型化程度低，这远远满足不了应用的需要。此外，面对智能产业一哄而起、智能产品低端化现象时有发生的局面，也要求智能产业有序推进和均衡发展。人工智能与实体经济融合有赖智能产业的扩散效应。

综上而言，人工智能发展在中国既有逐渐成熟的客观条件，又有实体经济各产业对人工智能技术应用的主观需求，人工智能深度融合实体经济乃客观必然。

三、人工智能融合实体经济的运行机制

一定意义上说，实体经济决定一国的经济实力；实体经济与先进科学技术融合的程度，决定一国的经济增长率和核心竞争力。人工智能作为先进科学技术，只有融合于实体经济，才能对国民经济产生广泛影响。人工智能深度融合实体经济，就是人工智能设备广泛装备于实体经济各产业，人工智能技术应用于实体经济各环节，即实体经济的智能化。人工智能融合实体经济是科技生产力作用于社会经济活动的过程，表现其内在的运行机制：人工智能技术应用实体经济—实体经济技术进步适应智能化要求—推动实体经济产业升级—促进实体经济结构调整与转型—实现国民经济常态增长。

1. 人工智能技术尤其是通用技术广泛应用于实体经济。任何先进的科学技术，只有实际应用于国民经济活动，才能成为现实的生产力。人工智能技术只有最大限度地应用于实体经济，才能发挥其作用，带来经济效益；而人工智能技术或设备越是通用性强，则适用范围越广，作用越大。因此人工智能技术和设备的发展方向正是通用性和小型化，实体经济的智能化程度取决于通用智能技术的应用程度。

2.实体经济各产业自身技术进步以适应智能化要求。实体经济面对智能化的压力，迫使企业加快解决人工智能核心技术，增强智能设备系统集成能力，并从产品设计、生产工艺流程、配套设施等方面加强研发和技术改造；同时，激励企业大力建设智能人才队伍，提升劳动者的智能劳动技能，提高人力资源素质。

3.人工智能融合实体经济促使相关产业和企业升级。人工智能应用于实体经济，将促进产业技术升级，尤其是制造企业设备数字化、运行自动化升级。企业应用人工智能技术，必将促进企业管理升级，智能经济运行尤其是机器人替代人力，更需要科学的管理方式，使生产要素优化配置和高效运行，企业管理信息化、高端化才能适应智能产业发展要求。实体经济智能化不可避免也带来企业规模升级，发展以人工智能技术为支撑的企业集群，淘汰一批落后的中小型传统企业。当前中国产业升级的关键是，传统制造业要向现代装备制造业升级，传统低端服务业要向新兴高端服务业升级。

4.人工智能融合实体经济促进经济结构转型。人工智能应用于实体经济，产业结构也将由中低端向中高端转型，虽然传统农业和制造业的比例会降低，但现代农业和智能制造会大大提升。随着实体经济智能化进程，生产方式由劳动密集型、传统型向技术密集型、智能型转化成为必然，尤其是技术密集型取代劳动密集型，传统产业普通劳动力被人工智能技术应用所"挤出"，大量剩余劳动力将在经济转型过程中逐渐消化。实体经济智能化必然带来经济增长由粗放式、高成本、高消耗向集约式、低成本、低消耗的转型。

5.实体经济带动经济常态化增长。随着实体经济的智能化，必将带来实体经济整体劳动生产率和经济效益的提高；同时，在机器人产业、智能制造业和智能服务业必然出现新的经济增长点。随着智能产业和整个实体经济的发展，在产业升级和结构优化的基础上，实体经济的产业竞争力将大为增强，经济增长质量将大为提升，从而实现经济常态化增长，促进国民经济健康发展。

诚然，中国人工智能融合实体经济也面临一系列困难，需要引起人们高度重视和积极解决。一是人工智能领域的智能型劳动力严重短缺。目前中国人工智能产业的专业技术人员和技术工人的数量滞后于人工智能产业发展的要求，传统产业庞大的普通劳动力与人工智能技术操作的要求有相当差距；国民教育对人工智能人才培养跟不上智能产业发展步伐。智能型劳动力短缺成为制约中国人工智能融合实体经济的"短板"。当前迫切需要加快智能型劳动力培养,包括智能专业技术人才和智能产业操作人员的培养。二是与人工智能产业运行相关的法律法规建设滞后。人工智能创新与实体经济各行业的衔接,出现一些法律法规的真空;人工智能应用具有共享性、外部性和不确定性,带来人工智能应用环节的生产责任事故和智能产品责任,还有隐私权保护和网络安全等,都需要加快立法立规。人工智能产权界定和产权保护亟须建章立制,以保障智能经济的市场运行有序,为智能产业健康发展营造良好环境。三是人工智能相关技术标准不完备。当前中国面对不断创新的"人工智能+",不断面世的智能企业,不断上市的智能产品,亟须出台统一规范的人工智能技术标准、测试评估体系和评估方法,以保证人工智能融合实体经济可操作,使人工智能有效衔接实体经济各行业,推动行业合理开放数据和数据资源共享,促进人工智能产业健康发展。

四、人工智能技术升级实体经济

"建设现代化经济体系,必须把发展经济的着力点放在实体经济上,把提高供给体系质量作为主攻方向,显著增强中国经济质量优势。加快建设制造强国,加快发展先进制造业,推动互联网、大数据、人工智能和实体经济深度融合,在中高端消费、创新引领、绿色低碳、共享经济、现代供应链、人力资本服务等领域培育新增长点、形成新动能。"党的十九大报告提出人工智能与实体经济深度融合,这与提高经济增长质量和转变经济增长方式的要求相一致,人工智能开发和应用已成为当前中国国家战略。

以人工智能为技术支撑,制造智能产品的相关产业是智能产业,智能产业本身就是实体经济。发展智能产业也是人工智能融合实体经济的主要方式,要把智能产业作为实体经济的重点产业来发展,必须加强对计算机、互联网、机器人、大数据等产业的支持。2017 年中国政府颁布的《新一代人工智能发展规划》要求:"培育高端高效的智能经济,发展人工智能新兴产业,推进产业智能化升级,打造人工智能创新高地。"并提出,"在制造、农业、物流、金融、商务、家居等 6 大重点行业和领域开展人工智能应用试点示范"。以人工智能技术支撑的智能产业也是新兴产业。中国人工智能产业起点高、发展快，其迅猛发展也是其他行业不可比拟的。

"2016年中国人工智能产业规模增长率达到43.3%，突破100亿元，预计2017年达到152.1亿元，2019年增至344.3亿元"。尽管人工智能产业所创造价值在中国经济总量中还很小，但人工智能发展速度和前景却是非常可观的。随着人工智能技术和设备在实体经济的广泛应用，也会带来相关产业的资本重组和设备更新，以适应资源的优化配置和市场竞争要求，同时也将促进新一轮经济增长。

人工智能融合实体经济，既要有深度，又要有广度。从融合深度来看，就是人工智能技术与实体经济各产业结合，用人工智能技术和智能设备装备实体经济，应用于实体经济各产业和产品制造的全部环节；同时淘汰传统落后的生产工具、生产方法和经营模式，实现产业运行各环节的智能化升级，达到产业设备数字化、产业运行智能化、产业结构高端化，促进供给侧结构优化和宏观经济效益提升。从融合广度来看，就是将人工智能技术和设备拓展到实体经济各领域，实现"人工智能＋"，以人工智能技术拓展新产业、新产品、新业态、新模式，重点推动智能技术在装备制造业、交通运输业和新兴服务业的集成运用，实现整体经济增长。通过融合，也必然使一些传统落后的行业和职业岗位逐渐退出历史舞台，这不仅导致部分产业转型，也会导致部分劳动力转岗。加快人工智能与实体经济的融合，实现实体经济各产业智能化升级，将覆盖国民经济和居民生活的诸多方面。

1.运用人工智能技术，开发智能农业和促进农业现代化。智能农业就是以人工智能技术手段装备和应用的农业，包括农、林、牧、渔等广义农业。开发智能农业正在中国探索和试点之中，智能农业在运用现代生物技术、智能农业设施和新型农用材料的基础上，主要依托物联网平台，在农产品生产与加工、水产和牲畜养殖等方面运用大数据分析、决策和数字化控制，推行农产品定制化生产、工厂化经营和互联网销售，实现农业生产资源的优化配置，形成产供销一体化的现代农业经济。智能农业的基础条件要求互联网在广大乡村统一分布。在我们这样一个农业大国，智能农业大有可为，我们将从传统农业"靠天吃饭"、手工劳动和半机械劳动方式，快速跨越到智能农业劳动方式。2015年，国务院发布《"十三五"国家科技创新规划》，提出了科技创新的12项指标，其中包括发展农业智能生产和智能农机装备。随着中国智能农业从试点到逐步推广，必将带来农业劳动力的进一步解放、大批职业农民的涌现、农业生产成本的降低和农业经营效益的提升。

2.运用人工智能技术，加速制造业智能化升级与创新。当前要以人工智能带动中国制造强国、创新强国建设，重点在于先进制造业中率先运用人工智能技术，用人工智能技术设备装备制造业，尤其是以工业机器人运用于先进制造业，提高中国制造产品质量，增强制造业的国际竞争力。制造业智能化还体现在产品智能化，智能产品不同于一般产品，就在于"产品内置了包括传感器、处理器、存储器、通信部件和相关软件的智能模块，依托物联网和人工智能技术，这就使产品具有感知外部变化、自我学习和自主决策的功能，更好满足用户需求"。为此，要加强制造业产品设计信息系统、智能管理与智能制造执行系统、智能生产线管控系统、工业信息物理系统等建设，将智能化覆盖产品研发、生产制造和售后服务全过程。在制造业产品研发环节，运用数字化、信息化手段，建设产品智能设计平台，输入相关需求数据，由智能系统自主设计可选方案。在制造业生产环节，建设机器视觉检测系统，在流水线上快速准确分拣产品，实行连续性生产，实时监控产品生产过程，保证产品质量。在制造业供应链运营环节，建设机器学习模型，发展定制化系统研发，合理确定运货价格和计算利润。定制化系统研发应用在市场营销环节，体现在机器学习模型将对产品供应客户高度负责，对客户和销售商提供服务和建议。在制造业产品服务方面，有效推行智能化售后服务，以智能化辅助识别现场和智能技术支持售后运维。还要加快建设物联网支撑平台，为制造业提供产业集成综合服务。中国工信部在《促进新一代人工智能产业发展三年行动计划》中提出，"在装备制造、零部件制造等领域推进开展智能装备健康状况监测预警等远程运维服务。"周济等提出，迎接新一代智能制造的到来，将首先界定智能制造的概念，"智能制造是新一代人工智能技术与先进制造技术的深度融合，贯穿于产品设计、制造、服务全生命周期的各个环节及相应系统的优化集成，不断提升企业的产品质量、效益、服务水平，减少资源消耗，是新一代工业革命的核心驱动力，是今后数十年制造业转型升级的主要路径"。因此，制造业智能化是振兴实体经济的关键环节。

3.运用人工智能技术，加快智能产业支撑体系和基础设施建设。一是加强基础设施网络建设。互联网分布如同广播电视、水电供应、交通运输一样覆盖全社会，要将传统邮电通信提升为现代信息系统，建设高度智能化的新一代互联网、高速率大容量的 5G 移动通信网、快速高精度定位导航网。建设人工智能基础资源公共服务平台，尤其是建设云计算中心，加快覆盖城乡社区的网络资源建设，为人工智能推广应用奠定坚实的基础。二是加强公共信息网络平台建设。要尽快完成和实现公共信息数字化，面向社会开放文献、语音、图像、视频、地图和行业数据，可依法查询居民信用状况数据，为基础资源社会共享提供便利。实现区域资源共享，建设智能社区、智能城市和智能社会，给城乡居民提供便捷的服务。三是加强和推广基础设施资源的智能化管理。大力发展互联网产业，将互联网覆盖城乡，提升互联网水平和质量，将人工智能设备广泛用于公用事业和城乡社区基础设施建设，将基础设施的智能化管理从城市推广到乡村。国家工信部提出，未来 3 年"人工智能产业支撑体系基本建立，具备一定规模的高质量标注数据资源库、标准测试数据集建成并开放，人工智能标准体系、测试评估体系及安全保障体系框架初步建立，智能化网络基础设施体系逐步形成，产业发展环境更加完善"。随着人工智能产业支撑体系和网络设施的完备，中国将逐渐提高人工智能的应用范围，拓展人工智能通用化领域。

4. 运用人工智能技术，加快服务业智能化进程。人工智能应用于服务业，是智能社会的必然趋势，智能服务将创新改善民生的新途径。为此，一方面，中国应大力推进传统服务业的智能化升级。应将大数据、互联网，以及智能商务服务普遍应用于酒店管理、旅游服务、商品流通、金融服务等领域，提高传统服务业的经营效率和服务质量。尤其是智能物流的迅猛发展，将产生巨大的经济效益和社会效益。传统服务业要主动寻找人工智能技术的应用场景，使生产与流通、经营与服务等环节有效衔接。另一方面，新兴服务业直接采用智能技术。在智能医疗服务、智能运载工具、智能旅游服务、智能养老服务等领域，人工智能应用前景广阔。此外，智能家居产业也大有可为。人工智能应用于新兴服务业，作用广泛。要大力推广智能厨房，发展智能汽车产业，开发智能无人服务系统，以及推广智能交互、智能翻译、智能穿戴设备等领域的开发，智能服务走向社会生活的方方面面，进入千家万户。

5. 运用人工智能技术，推进文化教育产业智能化。文化教育产业是广义服务业，但文化教育产业有其特殊性，即文化与教育具有一定社会公共服务功能，其产品是精神文化产品，体现社会的软生产力和国家的软实力。人工智能以数字化、网络化为主要手段，既对传统印刷、传媒、出版业带来极大挑战，也给现代文化教育事业发展带来难得的机遇。随着智能技术和设备的应用，文化产品的传统生产手段逐渐被人工智能手段所替代，文化产品载体的纸质化逐步被数字化所取代，中国新媒体异军突起，新闻传播、出版印刷行业率先智能化，已经走在智能社会前列。人工智能为文化产品、精神产品的开发和应用提供了技术手段和设备，智能化大大提升了文化产业的社会功能，为丰富群众精神文化生活发挥着巨大作用。人工智能技术应用于教育使传统教育手段极大提升，通过建设智能教育自主学习平台和智能教育网络系统，整合和充分利用优质教育资源，运用数字化、网络化教育手段，拓展新的高效的智能教育，提高智能教育的社会效益，提升全民族的文化教育水平和公民素养。

人工智能与实体经济各产业的融合，将形成"人工智能+"的新业态、新模式。中国政府《新一代人工智能发展规划》提出："加快推进产业智能化升级。推动人工智能与各行业融合创新，在制造、农业、物流、金融、商务、家居等重点行业和领域开展人工智能应用试点示范，推动人工智能规模化应用，全面提升产业发展智能化水平。"制造业是国民经济的支柱，农业是国民经济的基础，其他新兴服务业也直接服务国计民生，人工智能技术在重点行业应用将辐射整个国民经济，尤其是制造业智能化将加快产业升级和结构优化，由智能制造带动实体经济各产业升级和优化。因此，抢占人工智能制高点已经成为国家战略竞争目标。

五、人工智能产业创新实体经济

人工智能是科技生产力，人工智能产业是制造智能产品先进科技产业，人工智能产业将直接创新实体经济。应用人工智能技术，开发新产业、研制新产品、发展新业态、构建新模式，将带动中国实体经济产业升级和经济结构转型。人工智能创新实体经济，将带来中国新的产业发展机遇，尤其是机器人产业的发展，将带来国民经济和居民生活根本性变化。人工智能相关产业将成为未来新的经济增长点。我们亟须将智能产业作为实体经济的重点产业来发展，加强对计算机、互联网、大数据、机器人等产业的支持。人工智能融合实体经济，人工智能创新高地就在其间，以人工智能产业为引擎，将带动国民经济一系列产业的创新。

首先，人工智能产业链相关行业创新。人工智能产业是由人工智能设备、软件和互联网构成的新兴产业。人工智能产业链包括人工智能基础层、技术层和应用层的有机衔接，各层均涉及硬件设备与软件服务。基础层是人工智能技术得以实现和应用到位的后台保障，基础层提供服务器和存储设备，以及数据资源和云计算；技术层是人工智能应用的技术手段，主要技术是机器学习、模式识别和人机交互；应用层是人工智能技术的实现的形式，包括专用应用和通用应用两种形式，通过应用层使得人工智能的功能得以发挥，也使之成为现实的生产力。围绕人工智能产业链建设，将创新出完全不同于传统产业的新兴产业，创造出前所未有的智能产品。人工智能产业创新带来相关硬件和软件产业开发，如芯片、存储器、互联网设备、语言处理、视觉和图像、技术平台、机器学习等硬件设备的提供；以及数据资源、计算平台、算法、商务智能、解决方案、云服务等软件与服务的提供。芯片和核心软件开发将是智能产业建设的重中之重。显然，人工智能硬件和软件的生产将成为中国新的经济增长点；人工智能产业链相关行业将成为中国实体经济发展潜力最大的行业。

其次，工业机器人产业创新推动智能制造业。工业机器人是机器人产业的主体，是制造业的智能化装备，也是先进制造业的标志。机器人是靠自身动力和控制能力来实现各种功能的一种机器，工业机器人是应用于工业领域的智能机器。在制造业批量生产的流水线上，或重复性强且疲劳操作的生产工序中，以机器人操作代替人力劳动，将大大提高生产经营效率；在特殊的生产环境下，如深水和井下作业、高空高寒和远程控制、地质勘查探测等恶劣环境下，采用工业机器人操作可克服人力对物理环境和人类生理的限制，达到预定目的，并保证安全生产；在有关产业领域处于险、脏、累、苦的重体力劳动的环节，更适合人工智能工具和机器人操作，也更有利改善生产环境。目前，中国工业机器人多在汽车工业、电子电气工业、造船工业等领域使用，在焊接、搬运、分拣、码垛、冲压、喷漆等生产环节较多采用。工业机器人应用是制造业智能化的重点，也是智能产业、智能经济发展的重点。工业机器人的特点就是解放劳动力，实现生产过程连续性，保证生产的安全性，实施操作的精准性与高效性。"据有关数据，目前中国正在服役的机器人已占全球总量的 10% 左右，根据 IFR 数据，2016 年中国工业机器人销售达 9 万台，保有量达 38 万台；工信部数据显示，2016 年中国工业机器人产量为 7.24 万台，同比增长 34.3%。"发展工业机器人是中国制造业智能化的主要途径，也是促进产业升级的重要手段和经济增长的新动力。

再次，服务机器人产业创新推动智能服务业。人工智能技术尤其是智能服务机器人的应用，将直接改善国计民生。如医疗机器人、医学影像辅助诊断技术和医疗解决方案，将大大提高医疗诊治和医疗康复水平。人工智能对于教育培训、娱乐休闲、家庭服务场景等领域，也具有广阔的开发前景；人工智能在智能家居服务、智能养老服务，以及智能共享经济等方面都有广泛的应用价值。智能服务机器人的开发和利用，直接服务于居民生活，将极大改善民生，提高居民生活质量。开发视频图像身份识别系统，对于金融服务和安防也有重大作用。此外，人工智能还包括针对救援救灾、反恐防暴等特殊领域推广智能特种机器人，以满足社会公共服务领域的特殊需要。中国政府发布《中国制造 2025》提出服务机器人发展规划，重点在于："围绕汽车、机械、电子、危险品制造、国防军工、化工、轻工等工业机器人、特种机器人，以及医疗健康、家庭服务、教育娱乐等服务机器人应用需求，积极研发新产品，促进机器人标准化、模块化发展，扩大市场应用。"服务机器人产业创新直接满足居民生活所需，带动智能服务市场广大，服务机器人产业也必将成为中国新的经济增长点。

最后，物联网与商业智能推动商业模式创新。随着物联网商品流通方式的出现，在互联网商业急速膨胀的同时，中国传统商业经营方式逐渐萎缩。近年来，中国零售商业的实体店在"网店"和"快递"行业冲击下，日渐"瘦身"。随着互联网的发展，商务经营者居家分散工作逐渐替代公司集中工作，突破了生产要素的空间阻隔，互联网减少了商品流通环节和缩短了流通时间，从而节约了商务成本、时间成本、物理空间资源和人力资源。如果说物联网主要是提供了商业服务的硬件，那么商业智能就是商业服务的软件。以提供软件服务的商业智能，主要是对现代数据仓库技术、线上分析处理技术、数据挖掘和数据展现技术进行数据处理，为商业经营服务，从而实现商业价值。物联网和商业智能带来商品流通的革命性变化，创新了商业模式，提高了交易效率。物联网对于缩短流通环节、创新交易媒介、加速商品流通、扩大商品交易、节约交易成本、对称交易信息都具有重大意义；而商业智能借助大数据手段，通过分析和处理市场数据，为商业经营决策提供专业性和高效的服务，为商务活动提供解决方案，这正是传统商业所不具备的。

人工智能融合实体经济，促进智能产业创新，有利实体经济转型升级和供给侧结构改革。人工智能产业创新覆盖实体经济整体，智能制造、智能服务伴随一系列智能产品问世，新的经济增长点正在其中。近年来，中国在整体经济进入新常态，经济增速放慢的大环境下，人工智能及相关产业的经济增速却呈加速状态，这正是产业结构和运行质量高端化的体现。人工智能相关产业加速增长趋势，促进了中国经济增长和新常态经济发展目标的实现。

六、结语

人工智能产业本身是实体经济的组成部分，人工智能技术应用也主要面向实体经济。在一个实体经济尤其是制造业占优势的中国，人工智能与实体经济融合对促进经济增长和国民经济持续健康发展至关重要。人工智能与实体经济融合的深度和广度，决定着中国由经济大国走向经济强国的进程，决定着中国由制造业大国走向创新强国的进程，也决定中国现代化经济体系建设的进程。当前中国坚持以人工智能技术升级实体经济，以人工智能设备装备实体经济，以人工智能产业创新实体经济，体现了实体经济作为国民经济的主体地位，生产性劳动作为国民经济的基础地位，这是国民经济健康发展和国家经济安全的保证。人工智能是当代先进的科技生产力，人工智能技术的应用带来生产方式和生活方式的深刻变革，也带来劳动力的进一步解放。人工智能产业带动智能经济发展，也将成为中国未来新的经济增长点。人工智能技术将成为中国国民经济和社会发展的强力引擎，人工智能产业将促进实体经济走向装备智能、结构优化、产业转型和质量提升。

管理与创新

屠启宇 上海社会科学院城市与人口发展研究所研究员，华东师范大学兼职教授、博士生导师。

全球智慧城市发展态势与启示

屠启宇

国内外智慧城市建设的现状

自近年智慧城市的理念提出以来，全球关于智慧城市的发展已从概念和模型阶段全面进入规划和建设阶段。总体呈现以下特点：一是智慧城市的建设竞赛全面展开。在全球范围内，在建的智慧城市超过 100 个，其中欧洲和亚洲是智慧城市开展较为积极的地区；二是智慧城市建设成效开始显露，对于经济的拉动作用已经初步呈现。作为智慧城市发展的技术基础，数字经济行业是智慧城市最直接得益者，全球对于智慧城市基础设施的巨额投资已推动全球宽带速度在过去几年里增长了约50%；三是智慧城市目标导向呈现多元化特征。在国际上，智慧城市的建设被纳入国家或地区的长期战略，围绕智慧城市建设，许多城市政府给予目标导向，提出诸多国际合作、人才培养等政策；四是智慧城市建设的有关评价指标体系也不断完善。

智慧城市的关键在于主动驾驭先进信息和通信技术在城市的广泛运用，借助新一代的感知（物联网）、大数据处理（云计算）、人工智能（决策分析优化）等信息技术，将人、商业、运输、通信、水和能源等城市运行核心系统整合起来，以一种更智慧的方式运行。在实践中，经过一个时期的发展，全球智慧城市的推进已呈现出不同的发展取向和建设路径。

首先,在发展思路上出现广义智慧城市和狭义智慧城市两种思路。广义智慧城市思路推崇智慧增长理念的全面推广,在发达国家城市尤其是欧洲城市得到比较普遍的接受。广义智慧城市思路主要是强调将智慧增长理念贯穿于整个城市的诸方面,追求最终形成一个长期的智慧增长道路,而非短期的技术炫耀。狭义智慧城市思路强调技术导向的具体应用,在新兴经济体城市比较通行。其特点主要是采取技术解决方案思路,重点是具有现实应用的可能,能够在短期内形成产业拉动力。

其次,根据推动主体的不同可分为政府主导战略和社会主导战略。政府主导战略是一种正式的、由内向外实施的计划,主要是由政府机关等资助和管理,为城市公共部门和开发机构建设更有效率的基础设施和服务提供全新的方法和思路,并且为数字社会创新发展的战略提供良好成长环境。社会主导战略是一种由私人机构、社区组织、大学及其他创始者发动的由外及内、突发性的创新活动,政府投资较少,并且多应用公共平台和解决方法,强化社会资本建设和推进数字融合。目前的智慧城市实践中,政府主导战略占据主流,但社会主导战略对于城市的未来发展也将扮演更加重要的角色。

第三,在应用方向上更加多元化,可分为智慧经济、智慧服务和智慧资源三大领域。"智慧经济"应用侧重强调城市产业的优化升级,即通过信息技术在生产领域的应用,提高信息化对经济发展的贡献率,转变经济增长方式和结构。其发展的平台主要在新工业园区和新卫星城中,各项服务和技术都是为了企业发展服务,一些老工业园区也在进行智能化改造。"智慧服务"关注城市和谐发展的支柱是智慧型、人性化城市服务。通过智能化改造提高公共服务和居民生活便利性,推动城市就业、医疗卫生、交通运输、社会安全监管等问题。"智慧资源"侧重优化智慧城市的生存环境,充分挖掘利用各种潜在的信息资源,加强对高能耗、高物耗、高污染行业的监督管理,并改进监测、预警手段和控制方法;合理调配和使用水、电力、石油等资源,达到资源供给均衡,实现资源节约型、环境友好型社会和可持续发展的目标。

第四,智慧城市的目标有效益导向和社会服务导向之分。作为一种城市发展模式,智慧城市追求经济利益的目标显而易见。但还有一类目标可以总结为社会服务导向型,具体就是政府不推进具体的智慧应用,而是致力于解决在信息化发展中市场失灵方面的问题，即抓信息化普及、消除数字鸿沟等。采取了社会服务导向的智慧城市建设路径的城市，其主要目标是使全民能够共享免费和低成本的互联网和计算机以及相应的便利，通过普及基础信息和数字技术，促进社会不同群体的融合。

第五，结合具体实施城市对象类型，可分为"新城开发型"与"城市改造型"。"城市改造型"多位于发达国家，主要是利用现有基础设施，通过向其追加传感器以及控制设备，提高能源效率，城市景观看起来并没有太大变化。此外，欧洲许多智慧城市建设在大城市周边的老工业区，目的是在城市扩大的基础上，将老工业区转型成为新的知识经济中心。"新城开发型"多为新兴市场国家，这些城市以在郊区重新建设建筑、交通及电力等基础设施为开端，辅以先进的电子信息、网络及节能环保技术进行智慧城市的全新整体建设。

第六，多种开发建设组合模式并进。在智慧城市建设上的一个共同特点是强调公私合作、政企联盟，在具体建设上可以发现多种模式。如，公私合资建设和管理；政府带头，私人企业参与；政府投资管理，研究机构和非营利组织参与等。

科学有序推进我国智慧城市建设

我国目前已有几十个城市或地区提出建设智慧城市的目标，地方政府对智慧城市的着重点多在于现实应用，其中关注于能够短期内形成经济拉动力的信息产业、物联网等。目前各地智慧城市建设整体处于以光纤和无线网络为代表的基础设施建设布局阶段，个别领先城市开始从基础设施布局建设阶段迈向具体智能应用开发部署阶段。借鉴相关国际经验，我国智慧城市建设中应注意以下几个方面的问题：

第一，高起点建设示范城市（区）。欧洲和亚洲智慧城市建设的成功经验显示，智慧城市建设难以全面铺开，选择特定点进行示范开发是目前较普遍的做法。示范城市建设对探索智慧城市在投资、技术保障及网络安全等方面问题的解决都有重大意义。具体选择可以考虑兼顾老城和新城。选择老城示范，主要检验智慧城市对于城市更新和城市核心功能释放的助力效果；选择新城示范，主要通过智慧城市建设支持新城破解功能塑造和吸引力瓶颈，强调通盘考虑、全面设计，整体试验智慧服务、智慧经济和智慧资源开发等各类应用的接口。

　　第二，科学选择城市智慧应用领域。智慧城市建设难以全面铺开，一方面是指空间层面难以实现全覆盖，另一方面是指应用领域难以全面开展。根据国际既有的智慧城市建设内涵，大致包含经济、政务、交通、就业、教育、医疗、环境、能源等多重领域。但尚无城市可以实现全领域覆盖，而在应用方向上呈现多元化的特征。我国的智慧城市建设应该结合城镇化发展中面临或即将面临的重大课题为解决导向，可重点突出城市管理、医疗、交通三大领域的智慧应用。

　　例如，我国城市的发展正逐渐由"建设为主"进入"建管并举"的时代。利用先进、可靠的信息技术，配合以更好的城市管理体制、理念和平台保障城市社会的良好秩序将是重大课题。重点包括网格化社会管理系统，市政、水务以及市容等专业网格化管理系统，市场信息平台，智能水网和智能电网，安全生产，灾害消防等智能化系统。

　　又如，我国人口红利正在消退，而不少城市已经进入老龄化社会，老龄化发展的态势将日益严重，市民医疗成为城市社会面临的重大问题。结合智慧城市建设，解决"看病难"，重点包括以下智能化工作：一是建设覆盖各级各类公立医疗卫生机构的健康信息网络，连通医疗服务与公共卫生服务相关信息系统；二是按照相应的基本架构和数据标准，建立涵盖市民个人基本信息和主要卫生服务记录的电子健康档案；三是建立辅助决策和协同医疗服务系统，支撑用药智能提醒，开展影像会诊、远程医疗咨询等医疗服务，为制定医疗卫生发展政策提供辅助决策；四是建设市民健康服务门户网站，为市民提供在线健康咨询、个人健康档案和检验检查报告网上查询、医疗服务资源网上查询和预约的"一站式"服务。

　　再如，交通问题也是我国城镇化发展中面临的重要难题，利用先进的信息技术和感知手段，加强交通各行业间信息共享和实时交换，提高交通信息化对交通组织、运行、管理的支撑作用，为公众、交通运输企业和政府部门提供综合交通信息服务非常有必要。目前而言包括三大服务系统：一是道路交通综合信息服务平台，为公众提供城市实时道路通行信息；二是公共交通信息服务系统，实时提供公共交通各类运行动态信息和客流数据、公共停车场信息采集等；三是交通管理综合管理系统，整合这种交通信息数据，及时进行交通管理分析并提供决策服务。

　　其三，创新智慧城市投资运行模式。在智慧城市建设的进程中，特别是在先期试点的过程中，谋求投资的多元化、技术的完善化等都是非常必要的。从国际已有智慧城市的开发运作模式看，可有多种模式。但在智慧城市方案规划设计的过程中，必须坚持国内智慧城市方案提供商主导、国际智慧城市方案提供商参与的多元合作模式，以保障城市信息安全。

胡小明　曾任国家信息中心副主任，中国信息协会副会长，深圳信息行业协会会长、终身名誉会长。研究领域：电子政务、信息服务业发展、地区信息化规划、信息资源理论等。

机会导向的智慧城市

胡小明

一、连接比数据重要

（一）通讯录比数据重要

智慧城市建设总是强调数据重要，但是实际生活中连接比数据更重要。手机丢失最懊恼的是通讯录丢失而非存储信息的丢失，通讯录包含一个人的社会关系，社会关系能够放大一个人的力量，只要关系存在数据仍可以补得上。

（二）数据是连接的记录，连接是持续的数据

数据是一次连接的静态记录，连接意味着持续的数据，人们重视数据是因为数据很直观，把重要性加在数据上容易看到处理效果。连接虽然更重要但因其不直观而讨论不多，其实人们更喜欢持续的连接。微信是持续的连接，所以比邮件更受欢迎。

（三）持续的数据更有价值

持续的连接可以获得持续的数据，持续的数据不仅更容易发现问题，更重要的

是连续服务的智能系统需要连续数据的支持，否则很多实时的服务系统只能停摆，连续的动态的数据是有生命的，远比静态的数据更有价值。

（四）智能系统直接使用数据，没有信息概念

不要只从认识世界的角度上理解数据的应用，只想到从数据中提取信息支持人脑决策，这是以自我为中心的数据使用模式。将数据的作用局限于决策是认识上的偏差，未来智慧城市中对数据使用更多是系统而不是人，智能系统直接使用数据服务，并没有人脑参与。

二、智慧比知识重要

（一）认识世界重要，改造世界更重要

智慧城市顶层设计对数据高度关注，要把数据变成信息，再把信息组成知识，而知识就是力量，这种思维无形中把认识世界作为信息化的主要目标。虽然数据越来越多，知识越来越多，但是应用却没有进展。面对不断爆炸的数据与知识，应用能力已成为极度稀缺的资源，城市大数据中心只是收集数据却不善于使用数据，离开使用导向的数据收集只是在堆积垃圾。

（二）应用效果是衡量智慧的标准

马克思教导我们："哲学家们只是用不同的方式解释世界，而问题在于改变世界。"这是告诉人们：大智慧存在于在改造世界之中。知识不等于智慧，能够运用知识实现人类目标才是智慧，智慧的标准离不开应用，应用目标的实现效果是衡量智慧城市的主要标准。

（三）聪明驾驭知识，智慧驾驭聪明

聪明强调的是具体问题的解决能力，侧重具体目标的实现效率，智慧侧重长远目标的实现能力，关注长久效益。

聪明关注的是即时效果，但事物发展并不是一条直线，曾经有效的方案会因环境变化而失效，智慧则能及时终止过时的聪明，及时更换策略避免聪明反被聪明误。

（四）为公众服务的常规数据应用更有价值

政府数据应用的价值需要考虑社会需求的规模，不要把数据的作用局限于数据挖掘。尽管数据挖掘对于支持政府决策很有用，但这只是数据应用的一个方面，对大多数政府业务而言，政府数据最频繁的应用是提高基层服务的操作效率，这是最能够提升公众获得感的领域，是信息技术支持的更有价值的政府业务。

三、组织比连接重要

（一）组织是有效连接的沉淀

组织是稳定、紧凑的连接，多数组织靠自组织方式形成，频繁的连接被加速形成热线，稀疏的联系被忽略，由使用频率筛选而沉淀下来的结果就成为组织，人脑的智慧结构就是这样形成的，频繁连接的神经元形成热线，稀疏的神经元连接被忽略，人脑不同的知识结构因使用的频繁度而形成。社会的生产效率来自合作，有效率的合作会得到加强会被稳定化，企业机制能够延续是因为能够降低合作的交易成本，组织是人类活动的效率之源。

（二）组织是效率积累的一种模式

人与人的合作可以是 1 + 1 > 2 的效果，也可以是 1 + 1 < 2 的局面，人们会保留并加强前一种合作，于是效率就被积累下来了。生物的发展越来越复杂就是因为有效的组织能够提高生物的生存竞争能力。组织的优化是提升竞争力的重要途径。现在，各种组织越来越多，人们早已被卷入各种组织关系之中，孤立地生存很艰难。

（三）新技术发明主要是组织创新

组织的优化与集成是推动技术进步的核心原因。新技术主要是已有知识与技术的一种重组，重组与集成产生新的效率，新时代的伟大发明大都是已有技术、科学知识集成组合的结果。企业的创新能力会因成果的增加而飞速增长，新发明的技术可以被再集成，促进创新发明按平方倍增。

（四）组织化优势提升城市效率

人们向城市聚集是因为城市更有效率、发展的机会更多。城市的效率来自更多的合作机会与组织能力，人口的密集与交通的便利使城市更便于组织合作，使城市成为组织创新与发展的集中地。

交通与通信手段的增加使社会组织愈加复杂，跨地区的组织愈加普遍。地区经济合作是一种组织行为，对效率的追求推动合作组织不断优化，局部都要在整体中寻求合理的位置，组织的优化推动组织成员的特色化，使之能够更好地扮演组织分工中的角色。城市的特色化是加入全球经济合作的有利因素。

四、组织化与智慧的积累机制

（一）群体智慧积累与组织化

效率来自合作，人可以合作，动物也可以合作，人优于动物是人发明了语言，语言不仅提升合作的效率，还能将个体的经验与知识变为群体的智慧。语言及文字等信息技术加速群体智慧的发展并作为知识财富传递下去。群体智慧的增长使人类主宰了全世界，现代信息技术继续强化群体智慧。群体智慧的完善是人类组织化的结果。

（二）工具是智慧积累的渠道

智慧积累还通过工具的发明与改进来完成，如现代化飞机与汽车的完善就是百年来持续改进的结果。人类智慧通过工具的完善持续不断地积累。工具的创新主要是已有技术依据应用需求的再集成，工具是人类积累与传承知识的重要渠道。

工具的设计包含科技知识及应用环境的经验。工具要对特定环境的适应使其向专业化技术发展，专业化牺牲应用的广度换来专业领域内的高效率。专业化是智慧积累的重要方向，新技术的发明既有专业知识的突破，也更有组织的集成创新。组织的优化是提升工具效率的主要措施。

（三）社会自组织发展积累智慧

城市主要通过自组织的模式发展起来，电子商务、网上搜索、手机支付都是通过市场机制自组织完成的，这说明自组织具有强大的智慧积累能力。自组织系统并不勉强人们参与，人们的自主选择本身就是一种积累智慧的机制，每个人都在思考参加合作的利弊，从而把参加者的利益及智慧纳入到系统组织之中，使系统更坚韧，更可持续。

五、信息技术推动组织创新大爆发

（一）组织是靠通信连接的

控制论创始人维纳说："通信是连接社会的混凝土。"现代信息技术已经成为最耀眼的连接技术。信息技术包括跨越空间的通信技术及跨越时间通信的存储技术。通信技术还包括编码与解码技术，编码解码技术决定通信双方的相互理解能力，只有有效地理解才能完成有效连接。通信能力决定组织连接的效率，连接是构建组织的基础，连接的效率与成本决定组织创新的拓展空间。

（二）信息技术大发展带来连接的大爆发

从20世纪后期到21世纪初是信息技术大发展的时期，数据传输速率提高上万倍，以互联网为中心的一系列服务的出现，智能手机、传感器等各种终端设备的普及，以及5G、物联网、IPV6、云计算的应用，带来连接方式与连接规模的大爆发。人类将迎接万物互联的新世界，即机会无限的新世界。

（三）组织创新机会大爆发

连接的大爆发极大拓展组织创新的机会空间，电子商务大发展首先是全社会服务重组的结果，数以万计的快递员组织起到关键的作用，连接的范围与连接的精准度决定服务精细化的能力。PC 时代网上服务只能定位到房间，而智能手机时代服务可定位到每个移动的人，连接精度的大提升使导航、快递、外卖、支付、无人驾驶均得以快速发展。信息技术大发展带来的惠利不只是数据改进政府决策，最大的惠利是为人类带来跨领域重组创新的无限空间。

（四）智慧城市需要自组织创新

千年的城市文明是自组织发展的结果，智慧城市的建设离不开居民的自组织创新。智慧城市是全社会成员自组织创新涌现的结果，是人人创业，万众创新的产物，政府、企业、个人都可以设计局部的智能化系统，但又都不可能设计完整的智慧城市方案，因为城市存在着太多的不确定性。智慧城市的发展就像互联网的发展一样，并没有统一的规划与控制，自组织发展的结果却能使之越加智慧。政府要建立智慧城市的发展共识，智慧城市的繁荣需要更多依赖社会的自组织创新。

（五）智慧城市是被智能服务优化的城市

连接能力大提升推动着全球的组织化革命，这场革命无所不包，使智能服务跨地域跨时间无所不至。信息技术的连接一切促使人类去改进一切、创新一切，智慧城市将是不断组织优化提升效率的城市。

现代信息技术将传感器、物联网、移动终端、应用系统与后台的云、大数据、人工智能结合在一起，形成超强的服务能力，改变全球的服务结构，涌现出前所未有的综合服务能力。这种涌现使人类能够调动全面的知识与技术实现智能化服务，智慧城市是被智能服务持续优化的城市。

六、机会导向的企业家思维

（一）企业家思维的特点

不同的思维方式各有优势也各有片面性，面对强调创新的智慧城市，企业家思维非常重要，企业家思维最大优势就是创新。

政府官员思维主要倾向是避免犯错误，因此集体领导的政府模式很难创新，特立独行的创新方案难以通过层层审批。企业家认为创新思想是无须审批的，他们是从具体的环境出发寻找突破机会。他们的思维特别关注环境的特殊性，相信利润存在于被忽略的细节之中。一旦发现利润机会就会全力争取，敢于承担创新风险是企业家创新能力的核心。

（二）机会导向推动创新

企业家思维的特点是机会导向，企业家认为产业腾飞要依赖社会条件的成熟，过早过迟都不能成功。机会包含时机因素，企业家眼中的机会是自己看到了而别人还没有看到的能够腾飞的未来业务，或者是别人也能看到但是不如自己竞争力强的新业务。在信息技术大发展的时代，机会主要来自组织创新。

互联网竞争无障碍的特点已经形成赢家通吃的局面，能够长期生存的业务需要有核心竞争力与更长的产业链支撑，它是产业组织能力的竞争，及早发现组织创新机会是优秀企业家特有的能力。

（三）重视产业生态环境

信息技术大发展时代的创新机会越来越多，竞争越来越激烈，创新业务的长久生存更加依赖整体生态环境。当前，产业竞争呈现组织化趋势，生态链越发精细化，独立的技术创新需要纳入到完整的产业链中才能生存，这些都要靠有规模的企业来带头组织，许多创新中小企业都在围绕着行业的带头企业有秩序地组织成生态链。

新时代的企业竞争不再是孤立的竞争，而是不同的生态链联盟间的竞争，如苹果系与安卓系的竞争、不同标准 5G 的竞争，产业生态环境的完善与竞争是企业家思维重点关注的内容。

（四）企业家与政府官员的思维互补

具有政治大局观的企业家与具有商业意识的政府官员都是极为难得的人才。企业家重视机会与利润，有利于短期经营的成功，但是长久的成功必须要多从对社会长久的贡献考虑，要维护企业的公益形象，政治与经济需要平衡。同样政府项目也需要机会意识，机会不成熟的项目很难成功，超出政府能力的项目同样不能成功。"大一统"信息工程的失败警示政府学习企业家的思维方式，信息化建设也是一个经济学问题，没有经济学头脑是办不好的。

七、面向未来的顶层设计

（一）机会导向的顶层设计

目前多顶层设计是数据导向的顶层设计，这种顶层设计聚焦政府工作的改进，对智慧城市需要万众创新却重视不足。智慧城市是全社会共同建设的事业，政府业务只是其中一个部分，机会导向的顶层设计强调全社会共同参与智慧城市建设，要努力创造机会让企业与居民充分发挥创新才能。

机会导向深信民间具有无限的创造力，网上购物、手机支付、信息搜索等难题均是由阿里、腾讯、百度等民企完成的，只要有足够的机会空间和良好的营商环境，企业与居民就能够创造出意想不到的服务创新。机会导向的顶层设计努力创建更多机会，支持各种资源（包括设备、数据与人）的通畅连接，优化企业营商环境，促进城市万众创新的繁荣。

（二）从设计项目升级为设计机制与生态环境

电子政务顶层设计是针对具体项目的顶层设计，智慧城市顶层设计是推动创新繁荣的顶层设计，两者处于不同的层次。智慧城市要面对大量不确定性问题，不能够按照信息工程方法精确设计，这种高层次顶层设计是以机制设计为中心，要为运行服务系统设计反馈改进激励机制，使城市智能服务繁荣可持续。

机会导向顶层设计跳出具体项目的设计，关注智能服务生态环境的建设，促进项目间的配合。各种服务的有效配合是提升效益的重要措施，顶层设计从信息技术综合涌现的新背景思维，能够看到更广阔的效益空间。

（三）为城市大脑设立可行性边界

一些智慧城市顶层设计在规划城市大脑（由大数据中心与城市运行管理中心构成），设计者相信只要数据齐全，城市大脑就能实现政府科学决策与科学管理。这种假定很不实际，在不确定的世界中数据收集齐全是不可能的，政府只能在数据不足的环境下决策。

城市智慧是分布式的，城市问题不可能集中由一个城市大脑处理，智慧城市充满不确定性，许多事情不可预测，重要信息并不都能数字化，这使得城市大脑与大数据中心作用受限，不能过高期望。

城市大脑是确定性思维的产物，只能在确定性任务中发挥作用。城市大脑必须回避支持科学决策等不确定性要求，而应当在边界明确目标明确的具体化任务中多做贡献。

（四）城市繁荣的标志是万众创新

智慧城市的评价标准不应是技术，技术只是手段，手段不能做为目标的评价标准；智慧城市的评价标准也不应是静态的指标，城市智慧永远是发展的，停滞意味着智慧的终结。智慧城市意味着城市的活力，活力即智慧。

新 视 野

许多奇 上海交通大学凯原法学院教授，法学博士。著有《债权融资法律问题研究》《解密美国公司税法》等。

互联网金融风险的社会特性与监管创新

许多奇

几年前，互联网金融以及金融企业呈爆炸式增长，金融产品层出不穷，为国人所瞩目。近年来，又因互联网融资平台倒闭，跑路事件频频发生，为人们普遍关注。我国在长期金融抑制政策下形成的现有金融法律制度已与普惠型互联网金融多有冲突，而"一行三会"式的分业监管体制及缺乏科技支撑的传统监管，又难以遏制互联网金融的野蛮生长和防范金融风险积累。面对这一现实，根据互联网金融与互联网的亲缘性，运用社会网络理论分析互联网金融风险的社会特性，反思我国互联网金融监管的演进过程，探索顺应互联网金融风险社会特性的我国金融监管改革的现实运作与发展方向，具有重要的理论与现实意义。

一、互联网金融风险的社会网络分析

英国人类学家阿尔弗雷德·拉德克利夫·布朗于1940年首次使用了"社会网"的概念。20世纪50年代英国学者约翰·巴恩斯通过对一个挪威渔村阶级体系的分析，首次把"社会网"概念转化为系统的研究。也是这一时期，英国学者伊丽莎白·鲍特出版著作《家庭与社会网络》，该书至今仍被社会学界视为英国社会网络研究的范例。由此，布朗的社会网络思想逐渐发展成应用性很强的社会学与管理学研究方法（分析工具）——社会网络分析。

社会网络学说的基本假设是，社会中的各个单位（个体、群体、组织等）不是独立存在的，而是处在一个彼此关联的网络中。学者们将社会网络定义为社会行动者及其相互之间关系的集合。社会网络分析方法是一种将关系作为基本分析处理单位而非将个体作为独立的分析单位的研究方法。其与传统研究方法最大的不同就在于：把研究重点集中在行动者（个人、群体、组织）之间的关系及其嵌入其中的网络上，而不再仅关注行动者的属性。这一学说认为，行动者在网络中的位置、网络的结构以及行动者所在的社会关系背景决定了行动者的行为，而不是行动者的个体属性决定了其行为。

互联网金融是在"开放、平等、协作、分享"的互联网精神的指导下，依托云计算、大数据、第三方支付、社交网络等互联网工具，实现资金融通、支付和信息中介等业务的一种新兴金融。"互联网金融本质仍属于金融，没有改变金融风险隐蔽性、传染性、广泛性和突发性的特点。"在金融业务场景不断丰富、金融服务和产品深度嵌入人们日常生活的同时，如影随形的信用危机、信息不对称、虚假信息、信息欺诈等问题给互联网金融带来了新的法律风险、信息安全风险和金融稳定风险等。所列这些风险都是在一定社会网络中形成、集聚和扩散的，因此可以运用社会网络理论分析互联网金融风险的特征，以寻求正确的应对方案。

（一）多节点之间的连接密度对互联网金融风险具有双重作用

"节点"是社会网络理论中的基本范畴。它是指"网络中的各个社会行动者"，包括个人、公司或者国家，甚至各种集体的联合体。在金融领域，社会网络节点代表各类金融机构以及作为客户的机构或个人投资者，两个节点之间的连接表示某种直接的关系。从社会网络的观点来看，互联网金融与传统金融最本质的区别就在于其无处不在的连接点。传统银行为避免承担风险，以担保为手段，主要为大客户服务。银行与客户之间、银行与银行之间建立的连接点屈指可数，客户与客户之间却几乎不发生任何联系。而互联网技术的勃兴却使得互联网金融发展成为各类金融机构之间、金融机构与自身客户乃至其他客户，甚至客户与客户之间错综复杂的社会网状结构。当传统银行还在通过互换头寸来获取银行间市场份额时，互联网金融企业已经通过持有同样的资产组合风险敞口抑或共享同一规模存款者来构建连接了。

如"光棍节"与网购联系成为席卷大江南北、引爆全民参与热情的大促销；支付宝从最初"植根淘宝"到后来的"独立支付平台"，再到与天弘基金联姻共同打造"余额宝"的神话；等等。互联网金融的连接点可谓处处皆是。

社会网络的密度指网络中的各个社会行动者与网络中各要素之间的互动频率。互动越频繁，则表示两个节点之间的密度越高。多节点之间的连接密度对互联网金融风险的积累与传播具有双重影响：

第一，多节点、高密度的互联网金融网络既具有分散、降低金融风险的功能，又有加速金融风险传染、更容易引起大面积金融风险爆发的作用。互联网金融的发展反映了普惠金融理念，因而提供与接受互联网金融产品和服务的参与者往往非常多。在金融市场正常的情况下，众多参与者作为各个节点相互之间发生复杂的联系与互动，由此组成的金融网络整体可以共同承担个体化的风险，从而分散风险。实践表明，风险分担类投资工具涉及的社会成员越多、金额越小额化，风险就能为更多的参与者分担，每个投资者就越有可能承受起这份损失。但在金融市场发生动荡的情况下，网络节点上的每一个行动者都有可能成为风险的传递者，因此，节点越多，密度越大，风险传染的面就越大，蔓延的速度就越快。

第二，多节点、高密度的互联网金融网络既具有缓解网络成员的信息不对称、增加信息透明性、降低社会整体信用风险的功能，又有推动不利信息的快速传播、促使网络成员集体做出非理性行为、加速信息风险蔓延的作用。信息是金融的核心，构成金融资源配置的基础。互联网技术根本上是一种信息数字化技术。这一技术能够将信息数据化且集合成大数据，在云计算保障海量信息高速处理能力的条件下，资金供需双方的信息通过社会网络揭示和传播，被搜索引擎组织和标准化，最终形成时间连续、动态变化的信息序列，由此可以给出任何资金需求者的风险定价或动态违约概率，而且成本极低。而复杂的社会网络加速了信息在金融市场成员之间的共享程度，信息的广泛共享能较好地克服信息不对称问题，并由此解决交易中普遍存在的信任问题，降低"道德风险"。与此相反的情况是，信息的快速传导又可能使得众多成员在同一时间做出同一非理性决策，加速金融风险的传染与蔓延。因为在金融市场信息不完全和不对称的情况下，一旦发生相关信用事件，网络成员对不利于自己的信息总是以极其关注的态度和行为加以证实或否定，导致市场信息均匀状态被打破,甚至诸多真实信息在传播过程中被扭曲或篡改。经过多次反复的交互影响,网络成员的信息不断被同化,其恐慌心理和非理性行为不断得到强化,最终加快信用风险传染的速度,扩大信用风险传染的影响范围和力度。比如,关于某个互联网金融企业的负面消息会在投资者之间很快传递和共享,部分投资者撤资或挤兑的自利行为容易在集体层面引起"羊群效应",由此引发该企业的信用风险和流动性风险。

第三,多节点、高密度的互联网金融网络既具有识别和拦截非法交易、维护市场安全的功能,又有加速不同风险之间的互相转化、加剧金融风险积聚的作用。互联网金融是由互联网金融企业、投资者、消费者等组成的多节点、高密度的社会网络,由于信息化技术的广泛运用,互联网金融企业可以通过大数据挖掘,更好地分析用户的行为特征,识别和拦截非法交易,保障金融市场安全。比如,支付宝基于对商户和用户的交易行为数据进行分析和挖掘,设计了识别信用卡套现和洗钱的量化数据模型,通过这个数据模型有效识别信用卡套现和洗钱的可疑人员。此外,互联网金融网络使信息传递更快捷,因而会加速不同风险之间的转化。如果金融市场出现动荡,某互联网金融企业遭受市场冲击,可能造成该企业偿付能力不足,企业信用风险开始增加,而此时互联网金融企业的操作风险、信息科技风险以及合规风险也有可能迅速增加。这些风险信息会通过互联网快速传递给消费者,一旦消费者开始大规模赎回,互联网金融企业就会面临流动性风险。如果这种流动性风险在金融体系内传染,整个金融体系就会面临流动性压力,风险积聚的速度大大提高。

(二)互联网金融风险的形成和社会放大受到"我们所嵌入的关系网络"的制约

美国斯坦福大学马克·格兰诺维特 1985 年发表的《经济行动与社会结构:嵌入性问题》一文,开辟了将经济行为嵌入社会结构中分析的新视角。其实,不仅对经济行为的考察需要纳入社会结构的分析中才能获得更真实全面的了解,金融风险的形成与社会放大同样深深植根于社会结构之中。因为与"古典工业社会"的风险表现形式不同,当今"风险社会"中的风险不是外在的风险,而是在每个人的生活中和各种不同的制度中内生的风险。换言之,人们生活的社会网络环境决定了风险的形成与社会放大。

互联网金融是传统金融与互联网技术相结合的产物，因此，由互联网建立起来的金融关系网络是互联网金融风险形成与社会放大所受制约的主要"嵌入的关系网络"。在这一关系网络中，金融行为的嵌入形式和内容发生了重大转变。互联网金融风险的形成与社会放大也表现出与普通金融风险不同的特点，最明显地表现在风险社会放大成为系统性风险。关于系统性风险，目前国际上尚无统一的、被普遍接受的定义。原美联储主席本·沙洛姆·伯南克从危害范围大小的角度，将系统性风险定义为威胁整个金融体系以及宏观经济而非一两个金融机构稳定性的事件。乔治·考夫曼和肯尼斯·斯高特从风险传染的角度，定义系统性风险为一个与在一连串的机构和市场构成的系统中引起一系列连续损失的可能性。海曼·明斯基从金融功能的角度认为，系统性风险是突发事件引发金融市场信息中断，从而导致金融功能丧失的或然性。国际货币基金组织、国际清算银行和金融稳定理事会从对实体经济影响的角度将系统性风险定义为，由于全部或部分金融系统遭受损害而造成的金融服务的流动受到破坏，并对实体经济产生潜在的影响。综上，系统性金融风险虽从不同角度被定义而无统一表述，但其具有复杂、突发性、传染快、波及广、危害大等基本特征已被普遍认可。如果说系统性风险是一种连续变量，具有一种或然性，那么金融危机就是这种或然性的一种具体实现。金融危机其实就是系统性风险的爆发，或者说是系统性风险的一个特殊阶段和特殊状态。

与普通金融相比，互联网金融风险社会放大为系统性风险的危险性增大，且表现出新的特点：

第一，不同于"太大而不能倒"的"太多连接而不能倒"。"太大而不能倒"是关于金融系统性风险的传统认识，即金融领域系统性风险的首要来源是大型"具有系统重要性"的银行和其他金融机构。为防止大型金融机构倒闭带来的社会放大效应，所有的金融监管风险防范都围绕着大型金融机构的稳定性展开，并有着必须用公共资金营救大型私营金融机构的潜规则。然而，在互联网金融时代，那些小型且去中心化但发展迅猛的互联网金融可能诱发比中心化的金融机构更大的风险，诱发系统性风险的程度更高。这是因为，从社会网络分析的观点来看，作为金融创新的互联网金融使大量金融参与者和产品交叉混同共存于一个广阔、全球化的金融网络中。在传统金融模式下，可以通过地域限制、分业、设置市场屏障或特许等方式，将风险隔离在相对独立的领域中，一个金融机构网点的偶然性差错或失误，有一定的时间和手段进行纠正。但互联网金融突破了地域限制，私人交易和灰色资金池在网络世界中无所不在，最先进的技术配备使地域限制荡然无存。互联网金融市场包涵数量众多的中小参与者和产品，其自身的运营具有"牵一发而动全身"的作用。某一节点的失败沿着纵横交错的网络连接点传递出去，不仅会对邻近的其他参与者产生不利影响，而且可能引发严重的全球金融危机。原美联储主席伯南克指出，此类金融机构面临的问题是"太关联了而不能倒"；芝加哥大学拉詹则认为是"太系统了而不能倒"。

第二，不同于"太大而不能倒"的"太快速而不能倒"。金融体系的发展和进步已使得金融领域内各个行业间的联动和交互影响成为不争的事实。而在飞速发展的互联网技术作用下，人们对网络表达的依赖程度更是不断加深，从而给金融风险的社会构建提供了新的场域。"网络媒体、即时通工具和社交网站因其交往性和互动性，无疑成为风险的社会建构站。而每一个金融风险信息的网络接收者同时成为传递者，通过自身在网络上各种关系进行再传播的同时也参与了风险的网络社会建构过程，在不自觉中充当了风险放大的个人放大站。"总之，互联网金融在给投资者和机构提供更丰富机会的同时，也增大了毁灭性危险的可能性。在提高速度和金融链接的同时，也使得参与者更易受到不稳定冲击和网络犯罪的伤害。更快的速度意味着更迅捷的执行、更果断的市场决策和更唾手可得的利润，但极速运行同时意味着更陡的坡度以及不可预测的金融滑坡带来的巨大风险。

综上，互联网金融风险的社会网络分析表明，多节点、高密度的社会网络特征使互联网金融具有分散风险与集聚、传染风险的两面性。而嵌入的金融关系网络又加速了各类风险之间的转化，扩大了金融风险的传染面，风险社会放大成为系统性风险的危险加大。不同于"太大而不能倒"的"太多连接而不能倒"和"太快速而不能倒"对互联网金融风险防范提出了更高的要求，其监管也应根据互联网金融风险的社会特性做出积极的、正确的应对。

二、互联网金融监管的实然应对与应然诉求

（一）互联网金融风险社会特性的逐步呈现与我国监管应对

近20年来，我国互联网金融新业态经历了快速增长、泥沙俱下、去伪存真的发展过程。在这一过程中，互联网金融风险的社会特性得以较充分的展现，我国金融监管部门也采取了一系列应对措施。根据监管措施宽严程度的差别以及监管方式的不同，笔者将其大致分为三个阶段：

1. 1999—2013年：包容性监管阶段

我国的互联网金融业务发端于20世纪末21世纪初。1999年3月，我国首家实现跨银行跨地域提供多种银行卡在线交易的网上支付服务平台——"首信义支付"开始运行，开启了互联网金融第三方支付的新业态；2007年8月，我国首家P2P(个人对个人)小额无担保网络借贷平台——"拍拍贷"在上海问世；同年11月，提供理财产品投资顾问服务的"格上理财"在北京产生；2011年7月，"点名时间"网站上线，将众筹模式引入中国。这些互联网金融的新模式问世之后，在缓解信息不对称、提高交易效率、优化资源配置、丰富投融资方式等方面，很快展现出有别于传统金融的不俗表现。它们有效地克服了金融领域中的信息不对称和融资歧视，改变了传统金融业对中高端市场的过度偏好，打破了金融垄断，转向聚合碎片化的大众需求并形成"长尾"效应，给金融市场带来了巨大活力。当然，问世不久的互联网金融新业态还很稚嫩，它们的发展需要政府监管部门阳光雨露般的关怀。

与发达国家相比，我国互联网金融起步较晚，为支持金融创新，推动互联网金融新业态在我国的发展，监管部门采取了包容性监管方式。包容性监管是指将"金融包容"的理念嵌入到金融监管框架体系而衍生出的"新治理"监管范式。包容性监管改善了传统监管体制下监管政策法规的过度刚性和强制性、监管工具措施单一滞后、监管效果评估片面强调金融安全而忽视金融效率和金融公平的监管格局，更

加突出监管制度环境的营造、监管执行中监管机构的协调联动以及监管政策效果的综合评判。在我国互联网金融起步阶段，政府采取的包容性监管措施主要表现为市场准入的宽松。根据市场（包括国内市场和国际市场）准入标准的宽严程度，各国金融监管体制可大致分为金融抑制型与金融自由型两大模式。中国金融监管体制具有显著的金融抑制特征，金融业的市场准入以严格而著称。而在世纪之交，互联网金融业务进入我国金融市场几乎是没有门槛的，不需要主管部门发放牌照，有些业务甚至无须注册，只要求备案。包容性监管对于推动互联网金融新业态的成长起到了积极作用，互联网金融的主要模式都较快进入了快速发展阶段。

2. 2013—2015 年：原则性监管阶段

社会网络分析告诉我们，互联网金融对金融风险的集聚和传播有着双重作用。事实上，这种金融新业态在"其兴也勃焉"的同时，它所具有的法律风险、操作风险、流动性风险、信用风险和市场风险也在不断叠加和积聚。自 2013 年底以来，互联网金融领域内的风险逐渐显露，违约事件频发，大规模的倒闭、跑路及资金周转困难和欺诈问题也随之出现。据网贷之家发布的《中国 P2P 网络借贷行业 2014 年 9 月报》，截至 2014 年 9 月 30 日，全国 1438 家 P2P 平台中，问题平台共 193 家。另据网贷之家研究院统计，2014 年全年问题平台达 275 家，是 2013 年的 3.6 倍。其中，12 月问题平台高达 92 家，超过 2013 年全年问题平台数量。

面对互联网金融风险不断积聚的严峻现实，监管部门认识到，采取有针对性的措施，加强和改善监管，以实现互联网金融的健康、可持续发展，保护互联网金融消费者的利益大有必要。于是，从 2013 年起，陆续出台了一些针对互联网金融的监管文件。这些文件分两大类型：一类是"一行三会"按照分业监管模式，对互联网金融业态中属于自己管辖的部分下发的文件，主要有证监会的《证券投资基金销售机构通过第三方电子商务平台开展业务管理暂行规定》、保监会的《互联网保险业务监管暂行办法》、中国人民银行的《非银行支付机构网络支付业务管理办法》以及原银监会等的《网络借贷信息中介机构业务活动管理暂行办法》等。这些监管文件对互联网金融领域中一些具体业务的行为规范做出了规定。另一类则是"一行三会"等十部委联合发布的《关于促进互联网金融健康发展的指导意见》（以下简称《互联网金融发展指导意见》），其是当时互联网金融领域框架性、纲领性的文件，也确定了原则性监管的基本框架。

所谓原则性监管，援引英国金融服务管理局（FSA）的官方表述，其意味着更多地依赖于原则并以结果为导向，以高位阶的规则用于实现监管者所要达到的监管目标，并较少地依赖于具体的规则。美国金融服务圆桌会议指出："规则导向的金融监管体系是指在该体系下由一整套金融监管法律和规定来约束即便不是全部也是绝大多数金融行为和实践的各个方面，这一体系重点关注合规性，且为金融机构和监管机构的主观判断与灵活调整留有的空间极为有限。原则导向的金融监管体系重点关注既定监管目标的实现，且其目标是为整体金融业务和消费者实现更大的利益。"之所以说"互联网金融发展指导意见"属于原则性监管类文件，理由有二：其一，原则性监管是针对当时互联网金融发展情况的理性选择。《互联网金融发展指导意见》中出现了两个具有张力的政策目标：一方面，"互联网金融本质仍属于金融，没有改变金融风险隐蔽性、传染性、广泛性和突发性的特点，加强互联网金融监管，是促进互联网金融健康发展的内在要求"；另一方面，"互联网金融是新生事物和新兴业态，要制定适度宽松的监管政策"。由此可以看出，监管层已经认识到，互联网金融的监管必须兼顾维护金融稳定与支持金融创新两个方面，不能顾此失彼。而当时互联网金融尚处于发展初期远未定型，其发展方向与模式仍有待观察，很难制定出合理有效的法律规范和监管规则。在这种情况下，监管者采用了原则导向监管方式，提出互联网金融监管应遵循"依法监管、适度监管、分类监管、协同监管、创新监管"的原则，以期实现在保障金融系统性风险安全可控的前提下，支持金融创新，促进互联网金融的稳步发展。其二，从内容来看，《互联网金融发展指导意见》中虽有少量的规则性条款，但绝大多数是宣示性意义浓烈的监管原则和倡导性条款，如"保险公司开展互联网保险业务，应遵循安全性、保密性和稳定性原则，加强风险管理，完善内控系统，确保交易安全、信息安全和资金安全。""信托公司、消费金融公司通过互联网开展业务的，要严格遵循监管规定，加强风险管理，确保交易合法合规，并保守客户信息"。

《互联网金融发展指导意见》为如何监管互联网金融定下了基调，其原则性监管的灵活性有利于金融创新，但其不确定性既为互联网金融企业打"擦边球"获取制度租金创造了机会，也使一些不法商家违规经营有了空间。

3. 2016—2017 年：运动式监管阶段

根据《互联网金融发展指导意见》这一以原则性监管方式为主的规制文件和其他规制互联网金融具体业务的规则性文件建构的监管机制，并未遏制住我国互联网金融领域乱象丛生的现象。2015 年以来，大规模平台跑路、虚假借贷欺诈、违规自融自保等问题陆续爆发，集资诈骗、非法吸收公众存款等事件接连发生。例如，钰诚集团旗下的 e 租宝等事件涉案金额巨大，涉及群众众多，严重影响了正常的金融秩序和社会稳定，也损害了广大投资者的合法权益。这一状况引起监管层的密切关注。从 2016 年起，监管层加快了对互联网金融行业的清理整顿步伐。2016 年 4 月 14 日，国务院组织 14 个部委召开电视电话会议，决定在全国范围内启动互联网金融领域为期一年的专项整治行动。同年 10 月 13 日，国务院办公厅正式发布《互联网金融风险专项整治工作实施方案》。随后，中国人民银行、原银监会、证监会、原保监会、国家工商总局等相继跟进发布各自主管领域的专项整治工作实施方案，在全国范围内掀起了一场互联网金融的"整治风暴"，互联网金融领域的运动式监管由此开启。

运动式监管是"运动式执法"的形式之一。"运动式执法"是中国政府针对管理中的一些顽症进行集中整治的方式，因而表现出临时性、间断性和强制性等特征。这次专项整治有力地打击了互联网金融领域的违法违规经营现象，清肃了一大批不合格乃至涉及违法犯罪经营的互联网金融平台，引导互联网金融行业步入规范创新的正确轨道。应该说，此次专项整治行动有利于在短期内清理整顿不合规平台并化解此前累积的互联网金融行业风险，对于引导规范互联网金融健康可持续发展、维护国家金融安全和保护金融消费者权益具有正向的促进作用，其效果是显著的。但我们也应清醒地认识到，互联网金融专项整治行动毕竟是一种国家强制力主导的、短期的、阶段性的金融治理运动，其所具有的仓促性、被动性、整治结果的反弹性等弊端，使得其监管绩效大打折扣。

我国互联网金融监管的上述三个阶段都是在分业监管框架下展开的。实践显示，我国对互联网金融的监管还处于探索阶段，其目标在维护金融稳定与推动金融创新的两级摇摆，远未达到理想状态。这清楚地表明，将其风险具有社会特性的互联网金融监管放进分业监管的框架行不通。

（二）社会网络分析视角下互联网金融监管的应然诉求

我国当前与互联网金融有关的法律制度和监管构架均存在不足，因而开启金融监管变革势在必行。为了对这次金融监管变革有一个科学的审视并进一步深入研究深化改革的道路，本文先从社会网络分析的视角，对互联网金融监管的应然状态作一探讨。作为对互联网金融具有的分散、化解与积累、扩散金融风险的两面性以及"太多连接而不能倒""太快速而不能倒"的系统性风险的回应，互联网金融监管的应然诉求包括以下四个方面：

1. 先进的监管理念

从社会网络分析的视角来看，具有普惠性特征的互联网金融建构了活跃而富有生机的社团空间，社群机制在某些特定的条件下可以在公共产品的提供和负外部性的抑制方面发挥有效的作用。互联网金融市场所具有的这种"嵌入式自主性"对传统的控制型金融监管提出了挑战。

传统的金融监管是以金融排斥为思想基础的。金融排斥是用来描述特定社会群体在获取金融资源的机会与能力上存在障碍与困难，不能以合适的方式使用主流金融系统提供的金融服务的状态。我国的金融排斥十分明显。学者辜胜阻近年来在温州市的调查表明，中小企业能够从银行等主流的金融机构获得贷款的比例只有10%左右，80%以上依靠民间借贷生存。以金融排斥为思想基础的金融监管采取了几乎完全针对正规金融机构的自上而下的监管路径，商业银行、政策性银行、保险公司、证券公司等属于正规金融，在实践中被界定为"金融机构"，由金融监管机构（"一行三会"）批准设立，并受其监管，在资本金、审慎监管、利率限制、审计和透明度等方面有严格的监管要求。而诸如有限合伙制私募股权投资基金、融资性担保公司、小额贷款公司、典当行、标会（合会）等都是非正规金融，在实践中被界定为"非金融机构"。2008年11月，由中国人民银行起草的《放贷人条例（草案）》已经提交国务院法制办，"地下钱庄"等民间借贷行为有望通过国家立法形式获得正当性与合法性。2010 年 5 月，国务院颁布了《关于鼓励和引导民间投资健康发展的若干意见》，为民间资本进入农村金融服务领域打通了制度障碍。但直至今日，非金融机构都不受金融监管机构的监管，而是有的由地方政府监管，有的由行业协会自律监管，有的则连自律监管也没有。互联网金融的六种新业态虽经《关于促进互联网金融健康发展的指导意见》确认取得合法地位，但又无法纳入金融监管的传统体系。这一固有监管格局不仅阻碍了金融体系通过技术进步实现效率提升，而且造成了监管缺失与监管失灵，带来金融稳定隐患。因此，有必要增加新的监管路径，关心、支持金融创新企业和非正规金融的发展，更好地发挥市场和技术的创新动力，实现激励金融创新与保持金融稳定的双赢监管目标。

金融包容是与金融排斥相对的概念，它是指个体可以接近适当的金融产品和服务，包括可以获得能更好地使用这些产品和服务的技能、知识和理解力，其目的在于将"无银行服务"的人群纳入正轨的金融系统，从而使他们有机会得到储蓄、支付、信贷和保险等金融服务。金融包容旨在修正和调整金融排斥所产生的金融资源供求错配和制度偏差，确保社会弱势群体金融服务的可获得性，促进公平有序的金融生态环境的建立，这与具有普惠金融特征的互联网金融内含的公平、平等观念和人文情怀是契合一致的。因此，金融包容作为后危机时代金融发展的新理念，应该成为互联网金融监管理念的思想基础。

以金融包容为思想基础的互联网金融监管理念主要有以下内容：一是适度监管的理念，即，既不能因监管过度而扼杀金融的创新动力，重蹈金融抑制的覆辙；也不能因监管不足而导致金融秩序的紊乱，诱发系统性金融风险。比如，对于 P2P 这种个人通过网络平台相互借贷的互联网金融新业态，不能不监管，因为其运行中存在诸多法律风险（其运营模式若不当，可能构成非法集资；平台若缺乏对资金来源合法性的审查手段，有被用作洗钱工具或者从事高利贷的风险；征信体系若不健全，可能发生"一人多贷"的问题，导致借款人"过度借贷"；等等），但又不能因为存在上述风险就对其进行打压，限制其发展壮大。这就要求我国法律和金融监管部门必须厘清企业的合法集资与非法吸收公众存款之间的界限，不能使"集资诈骗罪""非法吸收公众存款罪"等罪名成为悬在互联网金融和民间金融活动参与者头上的利剑，形成对企业融资的致命管制。二是柔性监管的理念，即，用建立在信任、互信和合作基础上的监管关系代替直接命令和控制式的监管关系，促进监管关系的重构；用协商代替对抗，用民主取代擅权，弘扬现代法治精神。经济合作与发展组织（OECD）成员国在其金融监管过程中普遍采取了非正式咨询、散发监管提案以供评论以及公开的公告与评论、听证制度、顾问机构等公开咨询工具。这些柔性监管的做法在我国互联网金融监管中可以借鉴。三是规则监管与原则监管相机适用的理念。原则监管与规则监管各有利弊：原则监管具有足够的灵活性，为受监管对象提供了生存和成长的空间，有利于监管对象的发展壮大，但它又具有内容上的不确定性，可能会使监管对象无所适从；对于规则监管而言，监管对象的行为模式明确而清晰，哪些行为该为、哪些行为不该为均是确定无疑的，但它缺乏激励机制，反而限制了监管对象的创新行为。两个原则的相机适用，就是要破除非此即彼的思维定式，扬长避短，实现优势互补。如监管机构对互联网金融"先发展后规范"的监管思路，先原则后规则的监管顺序，从政策层面支持金融创新，业务层面明确边界底线，以保障和促进互联网金融合规有序发展，是值得总结和坚持的监管经验。

2. 信息共享、合作联动的金融监管主体

金融监管主体指一国金融监管机关的设置及监管权力的配置。以监管主体为标准，世界各国的金融监管体制可分为多元的分业监管体制、一元的统一监管体制和不完全统一监管体制。

分业监管体制的主要特点是，监管主体的设置以金融行业为标准，多个金融监管者在法律授权的范围内，依法定程序对各自的监管对象进行监管。分业监管者和分业监管职能由法律规定，在不同的监管者及其监管职权之间划出了楚河汉界。不少欧洲国家，包括法国、意大利、西班牙、葡萄牙和希腊都采纳这一模式。我国也采取这一模式。

统一监管体制是指对不同的金融行业、金融机构和金融业务均由一个统一的监管机构（可以是中央银行或其他机构）负责监管。目前 G20 中，只有爱尔兰采用一体化的监管模式，即通过爱尔兰中央银行监管所有金融活动。非 G20 国家中，新加坡也采用这一模式。英国于 2012 年前也采用这一模式，FSA 监管整个金融市场、证券市场以及负责整个银行、投资公司和保险公司的审慎监管。2012 年金融服务法案（Financial Services Act）用双峰监管结构代替了一体化的 FSA。

　　不完全统一监管体制是对以上两种监管体制的改进，主要有两种模式：一种是美国以综合监管为主、分业监管为辅、两种监管体制相兼容的制度模式。对应金融控股公司通过设立子公司的形式经营多种金融业务的伞状结构，美联储被赋予伞型监管者职能，成为金融控股公司的基本监管者。在伞型监管模式下，金融控股公司的银行类分支机构和非银行类分支机构仍分别保持原有的监管体制，即前者仍接受原来银行监管者的监管，而其中的证券部分仍由证券交易委员会监管，保险部分仍由州保险监管署监管；另一种是澳大利亚的双峰式监管体制。1997 年 4 月澳大利亚的沃利斯调查提出了构建双峰式监管框架的建议，主张成立一个专门针对金融机构行为的监管者和一个专门对所有金融机构进行审慎监管的机构。这一建议在澳大利亚 1998 年的金融体系变革中得到体现。改革后的金融监管格局由四大部分组成：澳大利亚储备银行（ARB），其职能是保持包括支付系统在内的整个金融体系的稳健；竞争与消费委员会（ACCC），旨在维护金融体系内的公平竞争；证券与投资委员会（ASIC），其职能在于向公司以及金融机构提供诸如消费者保护与信息披露准则方面的市场行业行为标准；审慎监管委员会（APRA），专门负责审慎性监管，以抑制系统性风险，保护存款人等的利益。这实际上也是一种兼容性的监管制度。

　　上述几种监管体制各有优势和不足，并不存在绝对有效或者绝对无效之分。分业监管体制的优势是，在金融机构业务交叉较少的情况下，能够阻止金融风险在不同金融机构之间传递。但该体制对具有破坏性创新本质的互联网金融监管乏力，因为从社会网络的观点来看，互联网金融与传统金融最本质的区别就在于其无处不在的连接点，其产品和服务常常表现为多主体、多层次、多环节的资产叠加和技术叠加。而分业监管模式依据监管对象来确定监管主体，监管行动由监管主体围绕监管职责展开。这种监管方式导致的结果是监管真空和监管漏洞并存，监管冲突和监管错位难免。统一监管体制在管理简洁化和成本最小化优点之外，还有消除监管空隙、保证监管一致性和减少监管套利机会等优势。但一体化的监管者也会在不同监管目标之间形成冲突，而这些目标对于一国金融体系的功能而言可能至关重要。例如，证券监管以投资者保护作为其主要目标，而审慎监管却强调金融机构的稳定性，两个目标在政策选择上不可能总是保持一致性，透明性要求往往是前者的必备条件，对于后者却只是妥协性方案。美国的不完全统一监管体制其实是机构监管和功能监管模式的融合，且加上联邦和州权力的复杂性，造成大量监管管辖权的重叠和交叉。例如，吸收存款的金融机构由 4 个联邦机构同时监管，而州银行受到联邦和州的双重监管。美国的功能监管不仅加大了监管成本，而且与机构监管存在同样的问题，即缺乏信息沟通与合作能力。双峰式监管体制的优点在于，它既能获得一体化监管模式的低成本和合作优势，又能基于不同的目标区分不同的监管策略。应该说，双峰模式是当前看来较好的一种体制。然而，该体制也有很多问题亟待解决，如宏观审慎政策统一颁布后，在微观审慎层面就分散开来，宏观审慎政策如何执行，由谁执行，两个独立的监管机构在行为上又如何协调，等等。

一国选择金融监管体制时，必须综合考虑金融机构经营方式、金融业乃至整个经济发展水平、政治文化等因素。笔者认为，对具有多节点并连接成社会网络的互联网金融的监管，要求其监管主体之间信息充分共享，彼此合作联动形成一个网络，从而杜绝监管缺位与监管漏洞。我国通过当前的金融监管变革形成的监管主体模式具有双峰模式的因素，又有中国特色，特别是在克服监管信息从上至下的单方向流动与实现监管的"淡中心化"方面开辟了制度化的路径（后文详细分析）。今后应沿着这一方向努力，建设在推动金融创新、维护金融稳定和保护消费者权利诸方面协作联动的金融监管主体。

3. 与基础风险源相匹配的监管原则

2008 年金融危机爆发之前，微观审慎监管是维护金融稳定的主要监管原则。微观审慎监管强调，只要确保单个金融机构的稳健运营，便能保证整个金融系统不发生系统性风险。然而，美国次贷危机引发的全球金融风暴表明，微观审慎监管已经难以独立承担维护金融稳定的任务。其根本原因在于，现代金融体系是一个复杂系统，它的总体运行状态不能简单地归结于其子系统运行状态的加总，要求单个金融机构保持传统意义上的"良好"经营状态并不足以保证整个金融体系的稳定。宏观审慎性监管是金融危机以后二十国集团下金融稳定理事会和巴塞尔委员会确定的原则，其着眼于整个金融体系而非具体的金融机构，目标是维持整个金融体系的稳健性而非具体金融机构的稳健性。2010 年 11 月，G20 首尔峰会形成了"宏观审慎政策"的基础性框架。该框架体现逆周期性的政策体系，主要包括对银行的资本要求、流动性要求、杠杆率要求和拨备规则、对系统重要性机构的特别要求、会计标准、衍生产品交易的集中清算等。但是，这些旨在保持金融机构清偿能力的政策对于互联网金融并不完全适用，因为它们是对资本不足风险的防范，而互联网金融的基础风险不是资本不足的风险。

互联网金融是一种基于"脱媒"后的新金融业态。金融脱媒的结果是风险绕开资本，或者不表现为资本不足风险。这时的金融产品表现的是一种信用集合，交易者或投资者的行为基于对信息的判断而进行，信息是否充分而透明，决定了风险的存在及其大小。这就是与资本不足风险并存而生的另一种基础风险——透明度风险。互联网金融中的网上贷款和网上投资所表现的信用风险，其生成源就是透明度风险。与这种基础风险相匹配并能有效管控或对冲风险的监管原则就是透明度原则。第二金融业态（资本市场）的"基石"监管原则也是透明度，但它所要求的透明度主要是强调上市公司的信息披露。与此不同，互联网金融所要求的透明度原则更多地指向借款人的信息透明度，目的主要是保证互联网金融体系内资金的安全、信息的真实和运行的有序。这正是所有互联网平台的核心职责所在，也是互联网金融有序运行最重要的基础。

4. 科技化的监管方式

互联网金融在提供跨市场、跨机构、跨地域的金融服务时，不同业务之间相互关联、渗透，风险的传染性更强，波及面更广。插上互联网及现代科技翅膀的金融具有更强、更广和更快的破坏性，其对金融体系的冲击后果更难以预测。互联网金融这一金融创新对于传统金融的监管理念、法律制度和监管模式提出了巨大挑战，审慎监管、机构监管、行为监管等传统监管方式对于互联网金融风险的识别、追踪、防范与化解均乏力。

审慎监管是对资本不足风险的防范，着眼于金融机构的资本充足率、资产质量、流动性水平和盈利水平等指标（微观审慎监管），关注逆周期管理、系统重要性金融机构监管（宏观审慎监管），但这些指标对于主要基础风险属于透明度风险的互联网金融很难适用。机构监管是按照金融机构的类型设立监管机构，不同的监管机构分别对自己所管理金融机构的市场准入、持续的稳健经营、风险管控和风险处置、市场退出进行监管。但互联网金融的平台和组织，无论是第三方支付机构，还是P2P平台、众筹平台、助贷机构等，都很难获得金融机构的身份而被纳入机构监管。即使勉强纳入，建立在分业经营基础上的机构监管，对于提供跨市场、跨机构、跨地域金融服务的互联网金融的风险防范也是力不从心。行为监管是监管部门对金融机构经营行为提出的规范性要求和监督管理，旨在降低金融市场交易中的信息不对称，推动金融消费者保护及市场有序竞争目标的实现。然而，在互联网金融的市场活动中，无论是金融机构的经营活动还是其交易行为都异常复杂：一方面，互联网金融平台和组织作为信息中介并不直接参与金融服务，因而规制平台或组织的行为未必能阻止欺诈等违法行为，因为此类行为往往由服务提供方而非平台或组织所为；另一方面，互联网金融平台和组织给予消费者提供和接受金融服务双重身份的机会，不同的主体之间互相提供金融服务，很容易在服务的提供者和接受者两方之间切换，对于如此复杂的消费行为，传统的行为监管措施也无法较好地发挥作用。

综上，要能对以"太多连接而不能倒"及"太快速而不能倒"为表现形式的互联网金融风险实施有效监管，必须突破传统监管维度，加入科技的力量，实现监管科技化。金融监管部门除继续运用互联网技术外，还要运用大数据、云计算、人工智能和区块链等现代科技，以更好地感知金融风险态势，提升监管数据收集、整合、共享的实时性，及时发现违规操作、高风险交易等潜在问题，提升风险识别的准确性和风险防范的有效性。

三、我国金融监管改革与互联网金融监管机制优化

（一）我国金融监管改革与互联网金融监管的变化

2017年11月，国务院金融稳定与发展委员会（以下简称"金稳会"）正式成立并召开第一次会议。2018年3月13日，国务院机构改革方案将银监会和保监会的职责整合，组建中国银行保险监督管理委员会（以下简称"银保会"），作为国务院直属事业单位。原银监会和保监会具有的制定金融监管重要法律法规草案和

审慎监管基本制度的职责划归中央银行，中国人民银行肩负起实施货币政策和履行宏观审慎管理职责的双支柱调控使命。我国金融监管组织体系和监管方式开始按照"十三五"规划提出的"符合现代金融特点，统筹协调监管，有力有效"的要求进行方向性调整。这给互联网金融监管带来了诸多变化。

第一，随着国务院"金稳会"的成立和银监会与保监会的合并，在我国运行15年之久（2003-2017年）"一行三会"的分业监管体制就此落下帷幕。

第二，金融监管组织建设有了实质性的突破。改革后我国金融监管组织体系具有双峰模式的特征：中国人民银行负责宏观审慎监管，是一峰；银保会和证监会进行微观审慎监管、行为监管和消费者权益保护，构成另一峰。但这一双峰模式具有中国特色，具体表现在：一是"淡中心化"。"淡中心"并不是"去中心"，而是在中央政府部门主导下，更多地发挥金融市场其他监管主体的能动作用，加强监管框架内各主体之间的交流互动。国务院"金稳会"第一次会议公告将自身定位为"国务院统筹协调金融稳定和改革发展重大问题的议事协调机构"。就其维护金融稳定的职责来说，它不是对其他监管主体发号施令的机关。这就是"淡中心"。"金稳会"的设立，不仅有助于加强宏观审慎监管和微观审慎监管的相互协调，而且促进了中央和地方监管部门之间的相互配合。再加上政府监管与行业自律并行，共同形成一个"淡中心"、具有网状结构的金融监管主体架构，与对"去中心化"、具有社会网络结构的互联网金融的监管是相适应的。二是监管组织之间的协调由"部际水平协调"升级为"上下级垂直协调"。自2013年10月以来，由央行牵头的金融监管部际联席会议在推进金融监管政策、措施、行动的统筹协调方面做了不少工作，但在"平级部门水平协调"的框架下，该制度对各成员机构并无实质性约束力，导致实践中对金融监管协调作用有限。"金稳会"的成立以及其肩负的"统筹协调金融监管重大事项"的职责，宣告监管协调转变为"垂直协调"，加之严格的问责机制，协调效力将会有实质性提升，互联网金融监管主体之间信息共享、合作联动的应然要求也有了实现的制度保证。

第三，中国人民银行在《中国区域金融运行报告（2017）》中提出，将规模较大、具有系统重要性特征的互联网金融业务纳入宏观审慎监管框架。这一举措对于隔离互联网金融各业态跨市场风险的传递、衰减和缓解其系统性风险的扩张和恶化，防范系统性金融风险的爆发，有着重要意义。但问题是，宏观审慎监管框架，无论是 G20 首尔峰会形成的"宏观审慎政策"基础性框架，还是中国人民银行 2016 年提出的宏观审慎评估体系，都是针对银行等金融机构的资本监管而言的，对以透明度风险为主要风险源的互联网金融业务很难直接适用。因此，中国人民银行应进一步制定具有系统重要性特征的互联网金融业务的透明度要求。

第四，2017 年 5 月 15 日中国人民银行成立金融科技委员会，以加强金融科技工作的研究规划和统筹协调。央行通过金融科技委员会强化监管科技应用的实践表明，管理层已充分认识到，发展强大的金融科技平台的同时，技术驱动的监管科技同样重要。

对照互联网金融监管的应然诉求，我国金融监管改革带来互联网金融监管的上述变化，是朝着应然方向前进了一大步。但总的来看，这种变化还是属于量变范围。要实现互联网金融监管的质变，实现其应然诉求向现实的转化，还必须借助现代科技的力量。

（二）监管科技是实现互联网金融监管机制优化的必由之路

与互联网金融具有亲缘关系的"金融科技"概念，在 2011 年被首次正式提出。顾名思义，金融科技即金融与技术的融合发展。对于什么是"金融科技"，目前尚无统一的定义。2016 年 3 月，全球金融治理的核心机构——金融稳定理事会（FSB）发布了《金融科技：全景描述与分析框架》的研究报告，第一次在国际组织层面对金融科技做出了初步定义："金融科技，指技术带来的金融创新，它能创造新的业务模式、应用、流程或产品，从而对金融市场、金融机构或金融服务的提供方式造成重大影响。""监管科技"于 2015 年 3 月首次出现在英国政府科学办公室对"'金融科技'优势"的研究报告中，在随后发布的英国年度预算报告中也有显现。此后，各国监管机关和标准制定者发布的各类文件中均采纳了这一表达方式，其在全球监管讨论中逐渐被普遍接受。英国市场行为监管局（FCA）认为："监管科技"是指"将新技术应用到现有监管过程中，以促进达成更有效的风险识别、风险衡量、监管要求以及数据分析等活动"。整体而言，监管科技代表着未来金融监管的演进趋势，是支撑整个金融业发展的坚实基础。当今，监管科技虽依然处于初创阶段，但已开始呈现风靡全球之势。

监管科技的产生是对互联网金融和金融科技内含的复杂金融风险和监管挑战的回应。它对于我国互联网金融监管应然诉求的实现发挥重要作用，主要表现在如下方面：

第一，监管科技为互联网金融的透明度风险监管提供技术条件和技术能力。传统金融学理论认为，信息不对称是金融系统脆弱性的原因。费尔南·布罗代尔深刻剖析了以金融信贷为中心的现代经济生活的特点：货币和信贷成为一种能够自我繁殖的语言，日益复杂，具有高度的技术性，而且由于进入壁垒，导致垄断和操纵信息出现。金融信贷经济的复杂性和信息操纵的特点正是当代信息社会和符号经济的显著特点。而互联网金融与金融科技过度复杂性和高度杠杆性更是树立起层层的信息壁垒，导致信息受阻和传递失灵成为常态。金融产品与金融服务的提供者与消费者之间信息不对称，使得金融消费者利益受损；而金融监管者与被监管者之间信息不对称，则导致监管者陷入缺乏充足信息的盲目监管或者无为而治的消极监管的困局。监管者在数据、信息不足的前提下，无法对互联网金融的透明度风险进行有效的预警、防范与化解，以保证整个金融系统的稳定。

监管科技负载的大数据、云计算、人工智能等现代科技为互联网金融的透明度风险监管提供了技术条件和技术能力。由于当今以指数速率增长的信息以数据形式出现，因此，监管科技的核心是数据监管，即围绕数据的聚合、解释、分析与预测而展开。监管部门应充分运用现代科技实施数据监管，防范互联网金融的透明度风险：一是利用大数据和社交媒体构建一个数字化的社会，通过物联网、公共记录和卫星定位等途径，使全方位地获取数据由可能变为现实，并积极创造条件，逐步建立起覆盖所有金融机构、金融控股公司、金融基础设施、各类投融资行为、互联网金融、跨境金融交易甚至民间金融等的数据收集体系。二是运用云计算和搜索引擎的发展成果，集合、传递、分析和利用相关信息，对融资者声誉形成评价机制，帮助信息使用者发现欺诈行为。三是充分认识区块链具有多中心化、增加信任、数据不可更改等特点，逐步应用这一技术，使得每一笔系统内交易都被记录且难以被篡改，从而改变传统监管机制中依托各方自身进行信息披露并借助监管机构进行信息审核的模式，以及改变金融机构在用户自身信用信息和资金流向进行汇报的基础上进行审核的模式，大大降低各方之间的信息不对称程度，实现精准收集信息的目标。四是依靠大数据、人工智能、云计算和区块链等技术，提前发现、预防金融风险的发生，并逐步实现同步监管跟踪，为事中事后监管提供强有力的证据依据。总之，监管部门应将大数据、云计算、人工智能和区块链等现代科技在金融监管中的运用作为我国金融监管模式改革和监管功能提升的关键抓手，充分发挥监管科技有效预警、防范、衰减和干预互联网金融透明度风险的重要技术保障作用。

第二，监管科技为监管组织之间形成数据、信息共享提供技术支持。如前所述，我国当前的金融监管改革进一步完善了监管组织之间的信息共享制度。但是，打通中央与地方、地方与地方监管组织之间的数据孤岛，实现数据的实时共享，还必须有技术保障。在促进信息共享方面，行业征信中心发挥着不可低估的作用。如2017年开始建设的"网络支付清算平台"将支付机构直接对接"平台"，由其统一对接银行，打破了现有支付机构直接对接银行的业务模式，保障国家监管机构获取支付行业直接的资金流向信息和资金用途信息，并通过对行业的数据信息进行有效分析，预判行业风险，监测机构违规行为，最终实现监管者对非银行支付机构资金流动的宏观监控。金融科技的迅猛发展，为私人建立行业征信中心提供了可能。为实现数据共享和建设信用体系，我国近两年也进行了建立私营个人征信中心（信联）的试点工作，但效果还不理想。因此，私营"信联"如何定位，如何与央行征信中心相互协调，如何真正实现数据共享，形成合法、合规的"众管"环境等，均有待进一步的深入探索。

第三，监管科技为互联网金融和金融科技的监管模式创新指明方向。传统的金融监管模式对互联网金融和金融科技的监管乏力，其根源在于，监管者因为缺乏必要技术支撑而无法进行有效监管。在如何进行监管模式创新以满足互联网金融和金融科技监管的需要方面，监管科技提供了重要选择方案，即补科技短板。具体做法有：一是运用现代科技改造传统监管模式，实现传统监管模式升级。比如，传统行为监管是以发放牌照、严格市场准入来进行的，但这容易将一些处于发展初期的金融创新组织排斥于市场之外。因此，对传统行为监管模式进行改造时，可由监管部门设立监管的自动技术系统，直连金融组织的后台系统，实时获取监管数据，并运用大数据分析、云计算和数据可视化等技术手段完成监管的报告、建模与合规等工作，创建监管部门与被监管主体的非现场"联合办公"机制。这样，可不强制对初创金融组织实行牌照监管，只要求其接入监管部门的技术系统，便可以允许其进行相关的市场行为。二是探索监管科技的具体模式。目前可以借鉴的主要为英国和美国。英国率先将计算机的"沙盒"理念用于金融监管领域，尝试一种更具适应性的"监管沙盒"模式。在这种模式下，监管者允许金融科技企业在特定的环境中进行金融创新实验，与被监管主体一起不断矫正监管者与市场之间的区隔。美国的"创新中心"又名"创新加速器"等监管模式，在争取稳定金融市场和促进金融创新双赢方面也颇具特色。总之，"监管沙盒""创新加速器"等模式的主要目的是加强监管当局与金融科技企业的沟通交流，提早介入、全流程了解金融科技的信息并进行政策辅导，在监管部门和被监管机构之间建立起可信赖、可持续、可执行的监管协议与合规性的评估机制，力避因强势或过度监管从而压制金融创新的结果，提高监管部门的监管效率，降低金融机构的合规成本。

我国可借鉴国外经验，建立各级政府监管机构与金融科技企业、互联网金融公司之间的合作关系，实现深入的沟通互动：一方面使监管者及时了解和分享创新企业的最新动态，支持和推动金融创新；另一方面让被监管者熟悉、理解国家的监管政策与监管规则，自觉合规经营。双方合作完成数据搜集、数据分析、信息保护等风险监管工作，协同实现监管目标。与此同时，进行有中国特色的"监管沙盒"试点，取得经验后再加以推广。

第四，监管科技为金融监管思维方式的转变开辟路径。当今各国乃至世界金融体系变得越来越具有复杂性，金融与高科技的结合使得监管层的思维方式出现落伍、僵化，不适应互联网金融与金融科技发展趋势等问题。转变监管思维，使其与金融创新同步演进，成为未来金融科技和监管科技发展的不二选择。目前我国监管层的思维方式面临的根本性困境与挑战有：（1）传统金融监管制度都是基于事后总结教训型立法，这种监管制度已无法适应科技驱动下金融创新频发的市场环境，因为在一个以毫秒为间隔执行交易的世界里，拖上几个月的监管反思，很快就会变得无关紧要或过时。（2）2008年金融危机后，互联网金融和金融科技企业不仅在市场活动中具有日益增长的数字化趋势，而且由严格监管要求和金融服务行业高昂的合规成本推动，也纷纷利用大数据、人工智能、区块链等新技术，通过对海量的公开和私有数据进行自动化分析，履行被监管者与日俱增的报告义务，避免由不满足监管要求而带来的违法成本。对于被监管者的这些自动化活动进行人力亲为式的监管是完全不实际的，传统的人为监管模式向自动化监管模式转变是不可避免的。（3）法律具有滞后性。在日新月异的互联网金融和金融科技创新面前，金融立法过于迟缓导致相关制度供给远远不足。有些新型金融业态目前尚未形成控制其风险的监管规则。以智能投顾为例，当前智能投顾领域市场参与者迅速增长，业务种类鱼龙混杂，但智能投顾监管却远远滞后，不仅监管法律缺乏，而且由于存在技术障碍，监管部门的技术系统也无法监控。在耗时太长的正式规则制定存在"救济迟延"问题的情况下，如果监管部门能克服技术障碍，实现金融机构技术系统与智能投顾智能系统的对接，就能通过科技手段的制约，使法律监管手段还无法触达的一些风险行为受到遏制。可见，采用科技治理以有效应对新金融业态带来的风险，应该是理性的选择。

综上所述，监管科技正深刻地影响着人们的思维方式：科技不再仅仅被看作达到某种目的的手段与工具，其本身就是一种治理方式。它针对新金融业态风险的特点，运用大数据、云计算、人工智能等技术，提升了监管数据收集、整合、共享的实时性，以及风险识别的准确性和风险防范的有效性。

赵志耘　经济学博士,研究员,享受国务院政府特殊津贴专家。现任中国科学技术信息研究所副所长,兼任中国软科学研究会副秘书长。研究专长:宏观经济理论与政策、科技发展战略与政策等。

人工智能如何赋能未来产业

赵志耘

人工智能与未来产业的时代背景

(一)机遇与挑战

改革开放 40 年,中国已经成为世界经济总量第二大经济体,这对于科技发展、人工智能、产业发展来说都是最好的时代。中国已经发展成为全球贸易大国和经济大国,社会生产能力、综合国力、科技实力和国际影响力都迈上了一个新台阶。中国已经形成了很完备的工业体系,强大的市场与特色的消费需求,完整的教育体系和不断完善的政策环境,以及创新创业的活力,在全社会范围内形成了良好的创新创业的生态环境等,这些都为下一个阶段的发展奠定了非常好的基础。科学技术和商业模式的新一轮创新浪潮与新工业革命深度交互,一批"未来产业"初现端倪,并正在改变国际分工的基础和方式,全球工业发展开启 4.0 时代。

虽然目前中国在人工智能领域和国外还有差距,但是未来,中国的快速发展或者是实现快速赶超还是有基础的。中国人工智能发展欠缺基础研究、核心技术、人才队伍,而基础研究、核心队伍的建设,离不开强大市场的支撑和强大市场需求的牵引，来持续地支撑一种技术的长远发展。没有产业发展的支撑，技术研发的后劲和经费的支持将难以保证，同时专业人才也会因没有市场应用空间而难以就职。中国强大的消费市场支撑可以为技术研发提供强大动力，在这种牵引条件下，中国在未来人工智能领域缩短和美国等科技强国的差距将有路可寻，赶超速度将得以加快。

中国目前正面临一系列发展难题，国内粗放的经济发展方式亟待转变、社会经济发展不可持续、不协调问题亟待解决、人口红利即将消失、改革红利相对减弱、中等收入阶段各种社会经济矛盾日益突出等。如果综合考虑内外因素，布局未来产业时面临的重大问题可以概括为"五期叠加"。

一是战略竞争期：即国际战略竞争，可能会导致很多产业产能过剩，同时也需解决产品生产所需要的核心关键技术问题，战略竞争期给中国提出了挑战。

二是科技创新依赖期：政府对于经济和社会发展的难题，特别是转折期遇到的很多难题，如结构调整、产业升级转型，甚至高质量就业等社会问题都希望依靠科技的手段解决，发挥科技的支撑作用，科技依赖期既是机遇也是挑战。

三是智能社会的初创期、雏形期：智能社会可能会导致社会生产关系的变化，所以在考虑问题的时候，必须考虑智能时代的特点和标志。

四是产业变革的兴盛期：科技革命和产业变革呼之欲出，人工智能、大数据、互联网可能会对原有的产业格局产生颠覆性的影响和冲击。

五是人工智能的突破期：人工智能不仅是一种技术，也是一种新理念、新思维、新方式。它正在不断颠覆我们过去已经习惯的产业体系、生产方式、产业组织模式、商业模式。人工智能也是一把双刃剑，它带来的机会和挑战并存。

（二）产业发展的风口浪尖

新一轮产业革命在摩尔定律强大的推动下，以数字化、网络化、智能化技术创新发展和广泛深度应用为代表，已经深入人心并极大地影响到人们的日常生活，带来了天翻地覆的变化。虽然物联网、网约车、个性医疗等各种消费平台，百度、阿里、腾讯、科大迅飞的成长，都处于刚刚起步的过程，但是对未来产业的布局来讲，已经有了山雨欲来风满楼的态势。

历史长河中发生过四次产业革命，把握住科技革命的脉搏，就可以在产业变革中脱颖而出。第一次产业革命是机械化的时代，英国抓住了当时科技革命的机遇，成就了它的领先地位。第二次科技革命是电器化时代，德国抓住机遇，成就了德国在百年的竞争中领先地位。第三次工业革命是自动化、信息化时代，美国在科技革命浪潮中脱颖而出，成了新一轮超级大国。第四次科技革命是智能化时代，是未来产业萌生的时代。

中国的产业革命包括了农业革命、轻工业革命、重工业革命和未来产业萌芽。农业革命奠定了中国国内稳定的基础；轻工业时代是1978年改革开放到20世纪90年代，为中国制造走向全球、中国产品走向全球奠定基础；重工业革命时代，20世纪90年代末，抓住了重大的钢铁、煤炭、水泥、化工、石油、汽车，特别是高铁、高速公路等建设机会，是当下"一带一路"能够走向全球的强大基础，也为未来产业和智能化社会所需要的完整的工业体系、完整的教育体系、完备的劳动力供应体系还有财富的积累奠定了基础；未来产业萌芽是在改革开放后40年，布局什么样的产业、如何进行产业结构调整等未来中国可能面临的问题。

（三）未来产业的特点

未来产业很难有一个明确的定义，但有其基本的特点。未来产业不仅仅是产值在国民经济中占比很高，更关键的是能够循序渐进地建立一套产业基础，使得社会生产力爆发式增长，人民生活水平爆发式提高，产品在世界市场具有广泛竞争力。未来产业还有其他的基本特点：一是顺应全球社会环境的突变与技术飞跃动态结合产生的大趋势；二是产业内技术变革和颠覆创新能够不断涌现，其中颠覆性创新不一定是颠覆性的技术，也可能是颠覆性商业模式和产业的组织模式；第三，在数十年的"超级周期"中能够持续地重塑经济，改变世界和工作生活方式；第四，加速重大变革周期，并继续创造更大的市场价值，而且一定要有很强的市场份额、市场占有率。在未来产业的判断中要强调经济社会，强调国际竞争力，强调市场占有份额，强调它的长周期和可持续发展。

关于未来产业的发展瓶颈，一产、二产、三产在未来产业发展过程当中都有瓶颈：农业是支撑人类文明的基础，虽然有大型机械帮助农民工作，但作为体力劳动，农业仍是最艰难、最艰苦的行业之一；对于第二产业，工业化以后自动化的概念追求的是机器自动生产，强调在完全不需要人的情况下进行不间断的大规模机器生产。未来产业要解决的不仅仅是自动化的问题，还要解决人机协同的问题，强调机器能够自主地配合要素变量和人的工作；第三产业是未来产业的重点。

机遇：人工智能的出现及现状

（一）"互联网+"与"+互联网"

"+互联网"是传统行业借助互联网的手段把线下企业做到线上，大多数说的还是企业如何用互联网思维做营销。"+互联网"是一个自动化、工业化的过程，借助于互联网的手段，它难以成为推动企业发展的引擎，难以应对新常态下销售增长和结构优化的新矛盾。

"互联网+"是"互联网+传统行业"，其实质是传统行业借助互联网技术这一"媒介"进一步释放生产活力的新型产业体系，涉及生产流程和工作模式的重塑，互联网是其中一个条件。互联网加上传统产业，加上实业，加上金融派生出了一些新产业、新业态。在"互联网+"背景下，可以对现在、未来的产业做一维、二维、三维的划分。一维是传统产业，是推倒重建的过程；二维是互联网信息业，主要包括阿里、百度、腾讯、科大讯飞等互联网巨头企业，并会孵化出众多与其相关的中小企业；三维是智能科技产业发展的新时代，智慧产业布局是未来跨界互联的基础。

大数据时代引发认知的跃迁，大数据思维基于数据密集型的科学发现，数据既是一种战略资源，也是一种现实存在。数据能否作为战略资源取决于数据的保护、应用和数据的组织加工。互联网是基础条件、基础环境，是产生大数据的源泉，传播大数据的渠道，利用大数据的载体。人工智能是核心，只有人工智能拥抱了大数据才能实现算法和价值增值，实现人机协同。人工智能是智能发展的前沿，将引领未来技术和产业发展的方向，也会决定未来产业的成败。现在处于弱人工智能时代向强人工智能迈进的过程，这个过程中数据借助于互联网的载体和工具实现对人工智能的驱动，指向未来产业在近期和中期的方向。

（二）人工智能发展的关键

人工智能发展中有三个关键，分别是数据、算法、算力。

第一个是数据。中国是数据大国，但并非数据强国，由于移动互联网的爆发积累了大量数据，但是作为一种生产要素，一种战略资源，目前数据的质量、数据保护程度、数据可供使用的前提和可能性还需要国家培育，需要政策法规和立法层面的保护。互联网数据的霸权主义、政府数据公开的艰难、行业和企业数据的难以获得、灰色数据产业链、数据主权的保护以及个人隐私问题都非常突出，需要在法律法规和产业生态两个角度去解决。

第二是算法。谷歌、微软等厂商都在搭建通用的人工智能机器学习和深度学习计算底层平台。现在很多智能制造依赖的都是算法，通过算法提供智能制造整套解决方案。人工智能的产业化已经开始，各个层面的企业都将在算法投入大量资源，中国在这个领域则是一个最大的瓶颈，未来算法体系构建的成败将成为决定科技实力发展和竞争优势的关键。在人工智能、计算机相关领域解决算法的问题是当前一个最为关键的问题，也是决定生产力能否提高的关键。

第三是算力。硬件算力的提升一直是人工智能快速发展的重要因素。在实际应用过程中，算力则一直制约着中国人工智能的发展，如果没有算力，没有能够解决生产效率的工具，布局人工智能的发展就将会受到影响。算力的核心在芯片，综合来看，中国芯片在公司数量和融资上远落后于美国，并且在芯片核心产业和技术上和美国相去甚远，总体形势十分严峻。人工智能和从事人工智能领域的企业应该重点解决算力的问题。

人工智能有着与生俱来的"风口"气质，人工智能不只是一个概念、一项技术，更是一种理念、一种战略思维，还是一个跨国际、跨领域的庞大产业和经济形态，其与生俱来的"风口"气质决定了人工智能是国家的战略技术领域，人工智能的发展已经进入新的发展阶段，人工智能快速发展也是推进工业4.0的核心驱动因素之一，是经济发展的新引擎。互联网、物联网、云计算、人工智能等技术和新兴产业的结合，都将对未来行业和产业产生深远影响。

（三）全球人工智能技术发展与趋势

21 世纪以来，在移动互联网、大数据、超级计算和脑科学等快速发展共同推动下，人工智能进入了一个新的发展阶段，互联网，高性能并行的计算，大数据，脑认知科学，基础科学和关键核心技术的突破，都代表着新一代人工智能发展的重大推动力和重大趋势。经过 60 多年积淀，人工智能已成为集互联网、大数据、并行计算、深度学习、脑科学等相互融合的综合性交叉学科，各领域广泛渗透，正在引发链式突破，加速新一轮科技革命和产业变革进程。新一代人工智能的特点是深度学习（基于大数据的深度学习和自我演化）、跨界融合（听觉、嗅觉、味觉之间跨媒体推理）、人机协同（人机一体化混合智能，可穿戴设备）、群体智能（基于网络的群体智能）和自主操控（无人系统迅速发展，对机器的智能化、自主化改造）。例如，受脑科学成果启发的类脑智能蓄势待发，芯片化、硬件化、平台化趋势更加明显等。

新一代人工智能将成为经济发展的新引擎：人工智能加速向各领域全面渗透，形成从宏观到微观各个领域的智能化新需求，将重构生产、分配、交换、消费等经济活动各环节，催生新技术、新产品、新的产业业态，包括自动驾驶、图像识别、语音识别等。根据麦肯锡预测，基于自动化为中国带来的生产力提升每年可贡献 0.8—1.4 个百分点的经济增长。据埃森哲的研究，人工智能到 2035 年有望拉动中国经济增长率从 6.3% 提升到 7.9%，提升 1.6 个百分点。

新一代人工智能将带来社会建设的新的机遇：人工智能在教育、医疗、养老、环保、城市、司法等各个领域的应用，将极大地提高公共服务的精准化、普惠化水平，通过预测、预警、基础设施和社会安全运行态势，可以显著地提高社会治理能力。例如，百度人脸识别应用于失散儿童搜救，帮助失散 27 年的儿童寻亲；德勤会计师事务所发布的德勤机器人开始代替人类阅读合同和文件；IBM 的 Waston 智能认知系统在医疗诊断领域表现出了强大的能力；娱乐、教育、情感、陪护等智能机器人成为热卖产品。

新一代人工智能发展的不确定性将带来新挑战：人工智能是影响面广的颠覆性

技术，比尔·盖茨、斯蒂芬·霍金、埃隆·马斯克等指出在大力发展人工智能的同时，必须高度重视人工智能可能带来的不确定性影响。人工智能在改变就业结构、冲击法律和社会伦理、侵犯个人隐私、挑战国际关系准则等方面都存在很多问题。对策是加强前瞻预防和约束性的引导，最大限度降低风险，确保人工智能走上安全、可靠、可控的发展道路。

目前处于弱人工智能时代，未来要向强人工智能和超级人工智能发展。2000年到2016年，中国人工智能企业数量累积增长1477家，占全球人工智能总数12.91%，中国每年新增人工智能企业数占全球当年新增企业总数的比例也是保持着上升态势。

在人工智能领域的投资方面，2010年至2017年5月，中国人工智能领域共发生了2218起投资事件，涉及投资金额达668.42亿元人民币。其中，2015年是AI领域爆发式增长的关键一年，投资案例同比增长155.9%，投资总额同比增长190.67%。2016年以来人工智能领域继续保持了较高的投资热度，资本在追逐人工智能方面大的热度还没有衰退。

（四）人工智能赋能新旧动能转换

"互联网+"模式正在颠覆中国传统产业，同时AI赋能可以提高全要素生产率，还可以优化资源配置，推动三大变革。

首先，"互联网+"颠覆中国传统产业，很多"独角兽"企业①、中小企业投资都借助"互联网+"的模式取得了快速的发展。在人工智能等的驱动下，人类正在进入一个由互联网企业建立的新型服务业态。其次，人工智能赋能提高全要素生产率，据埃森哲预测，作为全新的生产要素，人工智能有潜力到2035年把中国经济总量增加值提升7.1万亿美元，并且推动劳动生产率提高27%。基于人工智能对于中国经济整体影响模拟分析，并且结合行业规模的数据，埃森哲发现制造业、农林牧渔业、批发和零售业将成为人工智能应用中获益最多的主导行业，到2035年，人工智能将对这三大行业年增长率分别可以提升2%、1.8%、1.7%。除此之外，人

---

①　指市估值在10亿美元的初创企业。

工智能还能够优化资源配置，推动三大动力变革，即动力变革、效率变革、质量变革。动力变革是把过去劳动力优势转化为人力资本优势，人工智能创造了一种新的虚拟劳动力，能够解决需要适应性、敏捷性的复杂劳动需求；效率变革是对现有劳动力和实物资产进行有利补充和提升，借助人工智能提高员工能力，提升资本效率；质量变革方面，人工智能普及将推动多行业的相关创新，人工智能系统中专家知识的应用，将积累和挖掘过去经验有限的数据，提升设计、加工和制造质量。智能制造领域，工业系统的改造还有工业自动化系统升级等变革在借助人工智能发展技术的基础上都有望获得突破。

路径：人工智能赋能未来产业

解决新时代中国经济及未来产业所面临的诸多发展难题，需要全面深化改革，不断推进创新。创新发展是国家兴衰的经验所得，工业化以来的发展历程表明，越是创新活跃的地方就越容易形成产业革命的广阔舞台，近代以来的数次科技革命使得世界的科技中心和工业中心发生了地理位置的更替，实质上是创新能力强弱的转换。

未来几十年，在人工智能的推动下，传统产业将变成智能制造，旧的业态变成新业态，金融业变成金融科技业，传统房地产会得到升级改造，传统文化娱乐产业会变成新的文化娱乐产业。其中一维的传统产业包括智能制造业、金融科技业、传统房地产业升级改造和文娱产业，二维的互联网产业就是互联网信息产业，三维的智能科技产业包括智能医疗和健康养老、智能物流。

人工智能赋能未来产业主要体现在以下几个方面：

智能制造业：工业4.0让制造变"智造"，比较典型的传统产业实现智能智造的有德国的西门子安贝格智能工厂和中国的中车青岛精益数字工厂等。作为决策助手的"挖掘机指数"可以洞察中国经济状况，借助于大数据和物联网的技术，通过机械与网络的连接，形成基础建设行业的全景动态地图，通过人工智能使精益落地生根。

金融科技业：金融科技是指技术带来的金融创新，它能创造新的业务模式、应用、流程或产品，从而对金融市场、金融机构或金融服务的提供方式造成重大影响。金融科技通过大数据和人工智能的手段可以让资本自动地找到需求对象，让资本服务实体经济。人工智能技术还可以在资本服务的同时通过金融交易、风险评估等大数据，借助人工智能手段有效地防范资金风险，对用户、供给方、需求方、金融机构、资金需求载体做出评级和风险防范。金融科技强调将技术作为服务金融产业发展手段，在具体应用和发展过程中，仍需遵循金融市场运行的基本规律：从金融技术到金融科学，从金融分化到金融共享，从行政干预到市场机制。

传统房地产业升级改造：新型房地产行业将逐渐转型，从以往的"买地、建房、卖房"向打造"产业复合化、生态一体化"的思路发展，分为多环节价值分析、精准营销和一体化服务管理模式，在人工智能技术的基础上来实现。

文娱产业：拓展现实 XR（AR，VR，MR 的整合产物）产业，重新定义生活。XR 是将虚拟内容拓展到现实世界的新型产业，是人类感官的延伸。未来几年，XR 产业市场将成为智能工程流程领域的主要增长来源，例如通过 AR 眼镜实现工业大量设备状态监察的自动化，足不出户就可以通过 MR 技术获取预购产品的体验信息等。

互联网信息产业：人工智能可以助力产业创新发展，AI 携手互联网信息产业共进退。例如华为的 AI 分析综合平台，其深谙行业 ICT 转型的需求，从数据、到洞察、到形成商业模式。华为在实现价值的各个阶段为业务运营、业务调度提供大数据分析的综合平台解决方案，通过联合创新、深度探索运营商新的盈利增长点。

智能医疗和健康养老：社区智慧养老服务平台将是最有发展前景的领域，通过对接移动 APP、健康管理智能硬件等手段优化养老服务。智能分析技术的成熟，将使智慧健康养老产业得到跨越式发展，在低功能、微型化智能传感器，健康状态实时分析和健康大数据趋势分析等方面都有强大的应用前景。

智能物流产业：以南京的运满满为例，它是全球最大的智慧物流信息平台，基于云计算和人工智能技术，依托中国公路干线物流最大的数据库，以复杂事件监测分析和处理技术、大数据智能分析决策技术创新为重点，基于嵌入式与定位追踪的智能调度平台，实现了服务车主与货主的智能车货匹配、智能实时调度，显著提高了公路干线物流货源、车联、路线、价格匹配速度、精准度和运输组织效率。

文化生态

参考外文

颜廷君 上海交通大学公共管理创新研究所所长，教授，作家，电影编剧、导演。主讲课程《国学智慧与人生哲学》《法德管理》《新文化生态》等。著有哲学专著《给人生插花》、长篇小说《彼岸》等。管理学作品有《关于现代企业管理哲学的思考》《人性假设的误区》等。

东方遇见了西方
——文明·科学·管理

颜廷君

在一篇 8000 字以内的文章里，要面面俱到地谈论"东方遇见了西方"显然不可能，下面我只就中西文明（本文特指精神文化）本质上进行比较，试图指出彼此的优劣（特点），以便取长补短，造福东方与西方。内容主要涉及中西文明的起源、特点、误区、思维方式，以及对科学与管理的影响与启示。

内容并非创见，且只触及"东方""西方"的皮毛，结论或与盲人摸象类似。

——该谦虚要谦虚，但不能太谦虚，谦虚过了会让人误以为本文一无是处，失去阅读兴趣。

一、文明，科学与人类命运的守护神

精神文明要回答的问题是：做人做事的原则和思路。

文明优劣对一个国家的发展进程的影响是不容置疑的，也正因为如此，一个国家经济发达，就会被认为其文明也是优秀的；经济不发达就会被认为其文明也同样落后。认为精神文明与物质文明是直接的水涨船高的对应关系，是一个常识性的错误。

　　评价一种文明，应以历史的眼光、大视野全景地观察，不应只截取这一文明的某一段历史来看。中国有过"文景之治""大唐盛世"的辉煌，如果那时我们断言：中国文化是世界上最优秀的文化，那就不能解释中国近代为什么会落后。评价一种文明，更不能只看某一历史阶段的某一方面——譬如只看物质文明的发展水平不看精神文明。评价一种文明，还要看这一文明是否具有强大的生命力。优胜劣汰不仅适用于动物世界，在人类社会的文化范畴内同样适用，连古希腊那样优秀的文明都消亡了，中国文明绵绵五千年，依旧生机勃勃，这是无法忽视的现实！

　　那么，文明的本质是什么？什么是中国文明？学习中国文明会得到什么好处？

　　谈文明，在中国最值得一提的是辜鸿铭先生（辜鸿铭先生1857年生于马来亚的一个华侨世家，13岁到西方留学，先后游学于英、德、法、意等国十一年，精通近十门语言。民国初年任北京大学教授。在近代，特别是20世纪的前二十几年间，论名头之响，声誉之隆，没有一个中国学者可与之相提并论）。辜先生有一部具有世界影响的著作——《中国人的精神》，他认为：

　　"要评价一个文明，我们必须问的问题是，它能够生产什么样的人，什么样的男人和女人。事实上一种文明所生产的男人和女人——人的类型，正好显示出该文明的本质和个性，也显示出该文明的灵魂。"

　　文明的本质是看它能够生产什么样人，有一位留学生说："中国人随地吐痰，乱扔瓜皮，衣冠不整，所以中国不是文明国家。"

　　坦率地说，这种看法相当片面。

　　要判断一个民族文明与否，首先要知道衡量文明标尺是什么。与文明对应的有一个词叫野蛮，文明的程度是以远离野蛮的距离来衡量，不是以是否随地吐痰来衡量的，而是以生产出什么样个性特征的人来衡量的。

　　中国文明生产出了什么样的中国人？

　　辜鸿铭先生把中国人的性格特征和中国文明概括为三大特征：博大、淳朴和深沉。要真正了解中国人和中国文明，那个人必须是博大的、淳朴的和深沉的。辜鸿铭先生指出：

美国人、英国人、德国人要理解真正的中国人和中国文明是困难的，因为美国人一般说来，他们博大、淳朴，但不深沉；英国人一般说来淳朴、深沉，但不博大；德国人，一般说来深沉、博大，却不淳朴。在我看来，似乎只有法国人最能真正的理解中国人和中国文明，因为法国人拥有一种非凡的、为上述诸民族通常来说所缺乏的精神特质，那就是灵敏。这种灵敏对于认识中国人和中国文明是至关重要的。为此，中国人和中国文明的特征，除了我上面提到的那三种之外，还应补上一条，而且是最重要的一条，那就是灵敏。

美国人如果研究中国文明将变得深沉起来；英国人研究中国文明会变得博大起来；德国人研究中国文明会变得淳朴起来。美、英、德三国人通过研究中国文明、研究中国的书籍和文学，都将由此获得一种精神特质。至于法国人，如果研究中国文明，他们将由此获得一切——博大、淳朴、深沉和较他们目前所具有的更完美的灵敏。所以，我相信，通过研究中国文明、中国的书籍和文学，所有的欧美人民将大获裨益。

也许有人会说，辜鸿铭先生是个民粹主义者，可是为什么这样一个"精通西学"的人会如此？这本身就是一个值得探讨的文化问题。

对科学知识的"过度追求"，促进了技术进步与物质文明的极大丰富，而忽视文明导致的现实与潜在危机，则是人类社会面临的巨大挑战。换一句话说，重视做事而忽视做人是人类的现实危机。

美国《新闻周刊》网站上有一篇法里德·扎米里亚文章，其中有这么一段话：

"知识创造了令人称奇的工具和技术，拯救了生命、提高了生活水平并传播了信息。总体而言，一个以知识为基础的世界将会更加健康和富裕……但是知识在为人们改善生活提供强有力支持的同时，也能用同样强有力的手段，有意无意地摧毁生活。它能引发仇恨并因此导致毁灭。知识本身不会对古希腊人的问题'何为美好生活'做出解答。它不会产生正确的判断、高尚和宽容。最关键的是，知识无法产生让我们在这个世界上共同生活、共同发展而不走向战争、混乱和灾难的远见，为此，我们才需要智慧。"

这里的"知识"，用"科学知识"更为准确，这里的"智慧"就是文明，其本质是做人的原则和思路。解决扎米里亚的问题，到底需要什么样的智慧？中国人给出了一个简洁的答案：建立"和谐世界"！——这是中国文明对世界最新做出的伟大贡献！"和谐社会"是结果，人类应该共同坚持信守什么样的做人做事的原则才能建立起和谐社会？那就是仁爱、诚信、平等、宽容、善良、正义。这些正是中国人做人做事的原则与信条。

从宏观的角度与较长的时间来看，文明是科学发展的保证，促进科学的进步和发展的管理原则，必须符合人类共存共荣的目标，这不能靠技术而要靠文化。

二、从文化源看中国科技落后的原因

中国现在是发展中国家不是发达国家，但中国不是什么都落后，中国的"落后"最主要是技术的相对落后，以及由此导致的物质的相对贫乏。为什么中国的技术会落后呢？

没有研究表明——黄种人的智商比其他人种低。那么到底是什么原因？

我们首先从中西文化源头来考察。

以儒家为代表的先哲们为中国人创造了一个人生观：人生的意义在于追求道德的完美。我们只要粗略地翻阅一下四书五经，就不难发现这一点。譬如曾子的《大学》开宗明义："大学之道，在明明德，在亲民，在止于至善。"朱熹称《大学》为"做人的原则与模式""人生建筑工程的图纸"。中国人经过两千多年的修炼，修炼成了"礼仪之邦"。

西方，我们从苏格拉底说起，认为人生的终极目的是追求"真善美"。对善的追求产生了宗教，对美的追求产生了艺术，对真的追求产生了科学。

就总体而言：中国人重视做人，做事服从于做人；西方重视做事，做人服从于做事。在中国人全心全意修炼"仁义礼智信"的时候，西方人一门心思地造火车、造船、造枪炮，捎带造其他东西，学习物理化学和射击。

中西文化各有所长，也各有所短，优势互补。西方人在继续把事情做好的同时，应该学习中国文明，学习中国人做人的原则和思路。

中国人应该虚心地向欧美学习，学习他们做事的科学态度，学习他们的创新精神，既要把人做好，也要把事做好。近百年来，中国一直把西方作为参照系和追赶对象的，但更多时候是停留在口号上或并不得法，实质性的进展则应从中国的改革开放算起。这标志着中国"做事的原则与思路"的整体转变到位，它预示着中国新一轮的腾飞。

做事与做人，科学与文明，宛如一只鸟的两翼。

现实世界，科学这个翅膀遮天蔽日，文明的翅膀却病态萎缩，反映在人类科技进步与物质文明提高的同时，人类的幸福指数在走下坡路。具体来说，就是社会价值体现出现了问题，对个体而言，就是人生观出现了问题。

三、中西文明的基本谬误——人性假设的误区

导致中西文明差异的原因之一是文化源的不同，不仅如此，熟悉两种文明的学者一致认为：欧美文明的基本谬误是对人性的错误认识，即人性本恶的观念。管理学上的"X 理论"就是一个典型。对人性本恶的假设，使其在人际互动中的行为趋向于表现恶的一面，不得不表现为恶的一面，源于西方的博弈论"囚徒困境"及"纳什均衡"就是典型的表现。为了充分说明这一点，我们不妨从经济学的假设说起。

经济学建立在两个基本假设的前提上：其一，人是自私的，都在追求利益的最大化；其二，人是理性的，其所有行为都是为了实现利益最大化这个目的。以此假设为前提，企业经营的宗旨就是追求股东的利益最大化，对于民营企业而言，企业经营的宗旨当然就是为了实现"企业家"（产权所有者——业主）利润最大化。它表达了绝大多数经营者的主观目的和出发点，但是经不住推敲，它的背后暗含着损人利己的自私，是"恶"的表现，是短视的，是对企业的误导、对文明的反叛。

为了业主的利益是否可以无视广大员工、客户和社会的利益？当业主的利益与

员工、客户与社会的利益发生冲突的时候，以为业主赚取最大利润的经营宗旨，暗含着可以牺牲员工、客户与社会利益的潜台词。所以说它是"损人利己的自私"。这种博弈论上称之为"背叛"的行径，也许可以给业主带来短期、现实的效益。但"背叛"使企业与员工、企业与客户陷入"囚徒困境"。"背叛"无法创造共赢，以牺牲、损害企业未来的长远的利益为代价，博弈论对此有令人信服的诠释。所以说以业主赚取最大利益为目的的宗旨是短视的。

那么，企业的经营宗旨应该是什么？

对世界 100 强企业的研究发现，这些企业有这些共同的特点："一、公司繁荣昌盛；二、员工敬业乐业；三、客户心满意足；四、人类社会受益。"企业的这些特点不是名山大川自然天成，唯有追求才会拥有。也就是说世界百强企业的特点也是它们的追求，这种追求"有资格"成为企业的经营宗旨。这也是"人本管理"的本质。

"有资格"包含两层含义：一、企业只有这样做才是"道德的"；二、企业唯有如此才能繁荣昌盛。

无论经营者的主观上持有什么样的目的，行为上都应兼顾企业与员工、客户和社会利益。业主对自身利益的过分专注必然会忽视、破坏这种兼顾和平衡。员工、客户、社会的利益得不到尊重甚至于被侵害，员工怎么会有积极性？客户怎么会不流失？法律越来越健全的社会怎么会容忍损人利己、损公肥私？

也许，兼顾员工、客户和社会利益，短期并不比追求业主利益最大化更能带来现实的好处，但就长远而言利大于弊。经营者以业主赚利润最大化作为经营的宗旨，其本身就明白无误地说明不是"以人为本"，而是把员工当作赚钱的工具，"以人为本"的虚伪性、欺骗性不言自明。真正的人本管理，譬如山中花开，无论是否有人欣赏，它都灿然地开着，开着不是为了给谁看，本性就是这样。文明人就应该如此！

倘若实行"人本管理"反而使企业的效率降低了，那多半是因为把"人情化管理"当成了"人本管理"，是不善于运用"人本管理"的原因。用墨子的话说是："为义而不能，必无排其道，譬如匠之斫而不能，必无排其绳"。（实践道义，但没有达到预期的目的，不是道义本身存在什么问题，而是实践不得法；就像木匠做不好木匠活，不是圆规和墨绳的问题一样。）

以人性本恶建构起来的理论体系带有先天的缺陷和局限，以人性本善为假想前提建立起的理论体系同样具有先天的缺陷和局限，这正是中国文明的基本谬误所在。为善是原则而不是策略，以不变应万变的"以德报怨"的策略是行不通的。中国历史上的"礼治"实践证明，"礼治"一样不能解决自身的异化。

欧美管理理论，是以人性本恶为假想前提的，这与欧美文化背景是密不可分的。《资治通鉴》——中国的最大的一部"管理学"著作，就总体而言是以人性本善作为假想前提的。管理学理论，基本上都是以对人性的某种假设为前提的基础上建构起来的。由于前提不是已经被证明的事实，而是某种假设，如果假设不成立——也就是说前提错误，那么在此基础上建立起来的理论体系就是不科学的，从逻辑上讲这是显然的。

鉴于以上的认识，我们有理由认为：经济学和现代管理学都存在着先天的缺陷和局限。如何克服这种缺陷和局限？换一句话，管理学不以人性的基本假设为前提那么它以什么为前提？那就是正确地认识人性，因应人性，而不是压抑人性、扼杀人性建立起来的管理理论，才是科学的。

那么人性究竟是恶的善的，或者是别的什么样子？人性既有恶的一面，又有善的一面，不同个体的善恶表现不同，同一个体或群体在不同的情境会有不同的表现，即使在相同情境也会有不同的表现。人性所呈现的不确定性和复杂性，使得"人性假设理论"显得苍白，使得"东方遇见西方"这样的议题显得必要和有意义。

在此认识基础之上，那么真正的"科学管理"应该是什么样的一种管理？我们给出的回答是："法德管理"。什么是"法德管理"？

这里，我们借用中国传统文化中的"德"与"法"的概念，同时赋予它们以新的与时俱进的内涵。我们援引董仲舒对德治的看法：德治并不是完全不用刑罚的德治，而是以德治为主，刑罚为辅。所以德治包含两个内容：一为教化，一为刑罚。教化是管理的根本，刑罚是管理的末梢（《中国政治思想史》）。德治强调内在自觉外在规范（如礼仪）。"德"的具体内容是，"仁义礼智信"等人文精神，"教化"也就是教育培训，或者可以称之为"文化管理"。

道德政治的推行是有条件的，道德伦理的教育与反省要求有相当的水准，礼仪与"庶人"无缘。道德政治自身存在着极大的矛盾，从善良的愿望出发，未必能达到善良的结果。况且道德政治本身不具备克服自身异化的机制，当社会发生剧烈变化、社会矛盾格外突出尖锐的时候，道德政治非但不能救世之急，相反会扩大与加深社会矛盾，所以需要"法治"。

"法治"，完全依赖外在规范，它将外在规范高度条理化、公开化，让人们的思想与行为依照外在规范进行，因而强制性的手段是重要的也是唯一的保障。赏罚是维持与强化"法治"的重要措施。

法治，政治至上同道德至上一样，有着难以克服的自身矛盾。首先，法治是以经营者（或统治者）利益至上，法治的本质是控制与被控制的关系，致使民众自身尊严的维护和自我价值的实现受到压制。其次，法治有着确定的目标，目标一旦丧失，为此目标而设置的种种规章制度就失去依附。而德治则不然，道德完善本身就是目标，而道德的完善是无止境的，所以需要借助德治。

汉朝实行"阴法阳儒""法德并重""王霸杂用"，标志着中国传统儒家与法家两种文化的合流，这是中国文化自律发展的必然选择。

鉴于以上的认识，我们得出这样结论：西方制度化的"科学管理"基本上是"法治"，传统中国的管理趋向于"德治"，各有其优势与局限性，一个因应人性的"科学管理"应当是"法德管理"。

德治，满足了人性的需要，使人性得以舒展，因法的存在不至于放纵；而法治，则有效地制约、规范人性恶的一面，消极的一面，又因德的存在不至于陷入冷酷无情。在这里，提高效率不以把人沦为工具为代价，满足人性的需求而又不至于令工作无序与低效率，两者相辅相成，相得益彰。我们有理由相信："法德管理"才是管理应遵循的基本原则。

四、管理的出发点与方法论差异

《列子·仲尼篇》有一篇孔子答子夏问。子夏问孔子："你怎么看师兄弟中颜回、子贡、子路、子张？"孔子道："颜回在'仁'的方面比我做得好，子贡的辩才比我强，子路在勇武的方面胜过了我，子张个人自律比我做得好！"子夏说："这四位师兄弟都有比你出色的地方，那他们为什么还能恭恭敬敬地把你当老师呢？"

孔子说："他们四个人各自在某一特定的方面做得很好，很大程度上与他们的个性有关，但源于性格的特点很容易成型，同时也很容易失控；一旦失控，再好的特点也会有害的。尽管我不具备他们这样明显的性格特点，从而没有他们这样明显的优点，但我不遗憾……我要通过学习和修炼使各种美德在自己身上和谐、均衡地发展，这也许就是他们愿意把我当作老师的原因吧。"

孔子在这里所说的美德——是体现美德的做人做事原则与思路，也就是说孔子关注的不是个性，而是行为准则。

"源于性格的特点很容易成型，同时也很容易失控"，为什么？原因是特定个体的性格特点一旦成型，其行为方式就是"以不变应万变"。所以，作为领导者，其实不必刻意地去学习某种领导风格。一则源于个性特点的风格基本上可以说不是学习的结果；二是不同风格各有长短，不存在一种适应于一切情境的唯一最佳的领导风格。有效的领导方式就是在特定的时间、地点和条件下，针对不同的对象，选择适当的领导行为。美国华盛顿大学著名管理专家弗莱德·费德勒（Fred Fiedler）的领导权变模型理论说的也是这个意思。那么要学习什么呢？我们应该学习的是符合人性和规律的法则！亦即无论什么风格的领导者都应遵循的法则。对个性特征与人性的研究、认识是为了针对不同的人采取不同的领导方式。

在组织行为学研究中，工作激励理论范畴的内容激励理论（需求层次理论、ERG 理论、双因素理论、麦克利兰的成就需要理论）主要分析人类的需求、动机，然后研究探讨采取什么方法满足这些需求、动机。"自从弗洛伊德以来，一直强调分析人类行为的深层动机和真相。而孔子的主张却与之相反。他不注重个性而只注重行为……孔子是为数极少不注重人的个性与心理的思想家之一，他注重人的行为，而不分析行为背后的思想动机。它指明所有行动的规则，然后你只需要遵守这些规则。"（爱德华·德·波诺《六项思考帽》）

马斯洛的"需求层次论"是研究人的需求，以满足人们的需求作为激励的出发点，在理论上无法自圆其说，在实践中也面临着困境：一是欲壑难填，无论企业怎么做都无法满足员工（人性的）需求；二是人类的有些需求则是需要加以节制的、需要心理上的调适。

不管你是怎样的，而要重视你应该是怎样的，这是孔子的方法论，也是爱德华·德·波诺的方法论，但却不是整个西方人的方法论，是西方人发现的中国人的方法论。

张晋藩　中国政法大学教授、博士生导师。中国法律史学会的专业顾问、中国法文化研究会会长。著有《中国法制史》《清律研究》《中国法律的传统与近代转型》等。

德法共治：中国传统法文化的精髓

张晋藩

管仲是春秋时期法家代表人物，他认为："威不两措，政不二门。以法治国，则举措而已。"

德法互补、互相促进、共同治国在中国由来已久，这是中国古代治国理政的成功经验，也是中国传统法文化的精髓，充分显示了中华民族的政治智慧与法律智慧。认真总结中国古代德治与法治的功用、相互关系、共同治国的历史经验，对于建设中国特色的法治国家具有重要的史鉴价值。

德由善教逐渐趋向于善治，形成了中国古代所特有的道德政治文化

关于德的概念，东汉许慎《说文·心部》阐明："惪（通"德"），外得于人，内得于己也。"意为对人对己都要把心思放正，才能"外得于人，内得于己"。古人还把德的价值与国家施政联系起来，宣扬德教和德化的重要性。关于德教，《礼记·月令》说："孟春之月，命相布德，和令，行庆，施惠。"对此，郑玄注曰："德谓善教。"关于德化，更多的是与重民、爱民联系在一起，如《尚书·盘庚》说："施实德于民。"《左传·襄公七年》曰："恤民为德。"《管子·正》曰："爱民无私曰德。"

古人对于德之所以不吝笔墨从多方面、多角度进行解释，不是偶然的，是和中

华民族的特质分不开的。中华民族在严酷的生存斗争、生产斗争中需要借助"群"的力量抵御外侮和抗拒自然灾害，以维持存在和发展，因而养成了以直相待、宽容为怀、团结互助的民族心态。古代思想家论德之说正是有针对性地体现了这种民族心态，使之易为中华民族所接受。经过漫长的生生不息的演进过程，德由善教逐渐趋向于善治，形成了中国古代所特有的道德政治文化，把国家的兴衰与道德的弘扬、人心的向善密切地联系在一起，使德治深深扎根在中华民族的文化土壤之中，最终才有可能演化成为德法互补互用、共同治国的方略。

"民日迁善而不知为之"，德治的价值取向在于化民

德治的出发点和归宿都在于重民、惠民、教民、以民为本。孔子曾以"养民以惠"称赞郑国子产治国有方，他特别把"博施于民而能济众"看作不仅是"仁"，而且是"圣"。孟子进而论证了"以德行仁者王……以德服人者，中心悦而诚服也"。

可见，德的功用主要在于教化，首先是化个人的不良心性，使之纳于德的规范之中。也就是运用德的标准进行教化，唤起人们内在的、正直的、善良的天性，即内化于心，使之自觉地远恶迁善，趋吉避凶，不仅远离犯罪，而且经过内省，使心灵净化，于潜移默化之中达到一种高尚的精神境界，所谓"民日迁善而不知为之"。

其次，以德化不良之俗。由于古代中国是政治、经济、文化发展不平衡的统一多民族的大国，因此流行于各地区的风俗多不相同。其中既有良善的风俗，也有荒诞、落后、愚昧的风俗，所谓"百里不同风"。而各地的风俗不是一朝一夕形成的，因此历代在以德化民的同时，也注意以德化俗，使荒诞之俗归于理性、邪恶之俗归于良善，务使不义不肖之徒明礼义、知廉耻，使四海同归于德化。如同宋人苏辙所说："必先正风俗。风俗既正，中人以下，皆自勉以为善；风俗一败，中人以上，皆自弃而为恶。"

最后，也是最为重要的，是以德化民。以德化民反映了政治家的视野由个人扩展到全国的民众，表现出一种博大的政治气魄和抱负。以德化民除了以德的标准施教于民之外，更重要的，是通过善政辅助善教，把施政的立足点移至为政以德。

历代统治者对于以德化民都是十分重视的，其事迹多见于史书记载，借以表征

德治与善政。由于民是国家的构成元素，民安则国宁，因此，通过以德化民，既巩固了国家统治的群众基础，也有助于社会的稳定。正是在这一点上，表现出了德的治国之用。德、法之所以被古人说成是治国的二柄，就在于二者在实际的功用上有所不同：一为直接的治国手段，如法是也；一为间接的化民为治，如德是也，表现了二者不同的着力点和价值取向。可见，古人对于德化的论说是理性的，是入世的，虽有价值取向的不同，但不能忽视其历史作用。正因为如此，德法结合、共同为治才成为古代政治家、思想家的治国方案，形成了数千年特有的治国理政传统。

德法互补、共治是历史发展的必然选择

（一）明德慎罚、德法共治的发端

从历史上看，德治论者可谓多矣，但在实践中却没有一个朝代能够只凭德治维持其统治。德治只有与法治相结合，德法共治，才能使国家富强，历史雄辩地证明了这一点。

公元前 11 世纪，周公在立国之始提出礼乐政刑、综合为治的重大决策，把德与法首次联结在一起，开辟了中国古代德法共治的先路。在"明德慎罚"治国方略的影响下，周朝法制发生了一系列的变革。首先，以流、赎、鞭、扑四种刑罚续于墨、劓、剕、宫、大辟五刑之后，避免动辄用肉刑伤残人的肢体或生命；其次，周公提出区别用刑与罪疑从罚、罚疑从赦的原则，反映了中国古代法制的先进性；再次，周公告诫康叔，要用中罚，要求刑罚宽严适度，使受刑者无怨；最后，为了准确地司法断罪，实行"三刺"之法，以倾听各方面的意见。经过周公德法互补、共治，不仅稳定了周朝的统治，而且还造就了成康之治的盛世，"民和睦，颂声兴。""天下安宁，刑错四十余年不用"。

（二）法家的兴起和以法治国方略的形成

春秋时代，诸侯国坐大，王权衰微，奉周礼为圭臬的儒家学派逐渐让位给新兴起的法家学派，法家奉行的法治逐渐取代了礼乐之治。公元前 7 世纪，早期法家代

表人物管仲提出"以法治国"的法治学说，成为时代的最强音，在世界法制史上也是最早的开篇之作。

管仲认为："威不两措，政不二门。以法治国，则举措而已"。他在论法的作用时，经常与工具——特别是度量衡器相比拟。如："尺寸也，绳墨也，规矩也，衡石也，斗斛也，角量也，谓之'法'。""法律政令者，吏民规矩绳墨也。"从而表现出了法律工具价值的意向。

管仲虽然提出并且奉行法治，但他并未完全否定周初的礼法之治，同时也以周天子为天下共主而相号召，表明了早期法家的一种状态。"礼义廉耻，国之四维"表现了管仲的道德理念，并把它视作国家兴亡的重要因素。他特别强调民富之后，必须继之以教化。所谓"仓廪实而知礼节，衣食足而知荣辱"。

（三）儒家推出为政以德与以法治国相抗衡

春秋晚期奉行礼乐之治的孔子，面对日益尖锐的礼崩乐坏的形势和法家法治学说控制时代的潮流所向，力图宣扬"克己复礼""为政以德"之说，作为救世的一种声音。为了抗衡以法治国，他提出"为政以德"的主张，并且渲染"为政以德"的作用："为政以德，譬如北辰，居其所而众星共之。"

在孔子看来，在解决民众衣食温饱之后，迫切需要的是进行教化，使之明礼义、重廉耻、远罪恶、知是非、近善良、敦乡里、识大体、爱国家，能够自觉地进行内省自律，约束自己的行为，使之符合德的圣训和法律的规范。

总括孔子关于为政以德的主张，基本停留在说教的阶段，并没有机会付诸实践。这是和孔子所处的春秋时代的历史背景分不开的。春秋时代是五霸争雄的时代，克己复礼、为政以德已经与时代的潮流相悖，不为诸侯国所重视。因此，孔子周游列国，无果而终。

（四）法术势相结合的法治思想的应用

战国时代，法家显学的地位进一步巩固，法家代表人物纷纷走上政治舞台，他们主张的法治与早期管仲的主张有所不同，剔除了礼乐的影响，更直接地实行以法为治。法家学说集大成者的韩非提出了"法、术、势"三位一体的理论，成为"帝王之具"，为君主专制制度提供了理论基础，使得法家所主张的"一断于法"的法治学说走向了它的反面。

秦始皇统一六国以后，肆行专制，以意违法，刑戮妄加，终致二世而亡。如果说秦之兴，兴于明法治；那么秦之亡，则亡于毁法治。中国古代法治的局限性就在于遇有明君，可以发挥法律治国的积极作用；遇有无道的昏君，不仅不能发挥法的积极作用，反而会坏法生事，害民误国。说到底，中国古代的法治不过是君主人治下的法治。

（五）德主刑辅，德法共治的发展阶段

秦亡的巨变留给汉初政治家、思想家无尽的思考和总结。儒家代表人物董仲舒传承周人明德慎罚和战国时期荀子隆礼重法的学说，发展成一整套德刑关系的理论，为德主刑辅的国家治理方略奠定了理论基础，并为汉武帝所采纳。此后，儒家思想逐渐成为统治思想。

汉宣帝提出"霸王道杂之"的国家治理方略，用儒家的仁政德礼之说饰于外，而以法家的刑名法术之学藏于内，实行外儒内法，反映了对德法两手并用、各尽其用的高度政治智慧。外儒符合中国的传统国情和民族心态，可以赢得民心，稳定社会；以法家学说为内涵，有利于皇帝的专制统治和发挥法律的治世功能。

德主刑辅的治国方略表现了德法共治进入了一个新的发展阶段。德主刑辅的治国方略使得立法沿着以德为主的轨道运行，对于司法制度的设计和建构也都渗透了明刑弼教的理念，特别是百姓遵守道德的义务与遵守法律的义务相统一，既有利于法律的稳定，同时也减少了适用法律的阻力。

（六）德礼为本、刑罚为用，德法共治的定型阶段

《唐律疏议》"名例"篇开宗明义："德礼为政教之本，刑罚为政教之用。"这是汉以来德主刑辅的重大发展。"德礼为政教之本"比起单纯的"德主"，突出显示了德礼在政教中的本体地位。至于"刑罚为政教之用"，比起单纯的"刑辅"，更明白晓示了刑罚在政教中的作用。唐律还将德礼、刑罚的本用互补关系比喻为自然现象的"昏晓阳秋"，以示二者的内在联系、永恒不变，所谓"犹昏晓阳秋，相

须而成者也"。唐人设计的治国方略一直影响到后世。

德礼与法律都产生于中华民族的文化土壤，都以维护国家的稳定富强为目标，因此二者相向而行，具有一致性。但是由于德与法各有其侧重点，因而在司法实践中也会产生矛盾。针对此项矛盾，或为了维护法的权威按法办理，或为了弘扬德的价值按德施行，最终均以国家利益为依归。

总括上述，德法互补、共治是中国古代国家治理的成功经验，也是历史发展规律的体现。由于历代的历史条件不同，使德法互补的内涵也不断地丰富，显示了德法互补既有阶段性，也有连续性和一贯性。它符合中国古代的国情，是先哲们充满理性的伟大创造，反映了中国古代具有鲜明特色的道德观、法律观，也彰显了独树一帜的法文化的先进性和特殊性。凡是德法互补、共同治国成功的朝代，均为盛世，因此，从史鉴的角度来考察中国古代德法互补治国方略的设计与实施及其历史经验，很有现实意义。

张祝平 中共河南省委党校副教授、研究生导师。主要从事文化产业与旅游产业研究。

我国贫困地区文化贫困因素及文化扶贫对策

张祝平

文化扶贫是指从文化和精神层面上给予贫困地区以多种形式的支持，从而提高当地人民文化素质，使其尽快摆脱贫困。扶贫工作不仅要扶物质，更要扶文化、扶精神、扶智力。文化扶贫工作往往能够用较少的钱，取得较高的投入产出比。有效提升贫困地区人民的思想文化素质和科学技术水平，可以有效改变民众原有的习俗、心态及价值理念体系，重构其文化价值和经济价值思维和观念，为文化贫困的彻底扭转创造条件。这是促进贫困地区经济发展、改变贫困地区经济结构、改善贫困地区人民生活的关键所在。

一、贫困地区文化扶贫的意义

（一）文化扶贫有助于增强贫困地区群众的文化自信

党的十九大提出："推动文化事业和文化产业发展。满足人民过上美好生活的新期待，必须提供丰富的精神食粮。要深化文化体制改革，完善文化管理体制，加快构建把社会效益放在首位、社会效益和经济效益相统一的体制机制。完善公共文化服务体系，深入实施文化惠民工程，丰富群众性文化活动。"故此，文化扶贫意义深远，物质脱贫与文化脱贫应当一盘棋谋划，适时融入，同步推进。文化扶贫有助于增强民族凝聚力，树立公民的文化自信心，激发贫困地区群众干事创业的热情和勇气，深植于人民灵魂深处的文化自信对于弘扬社会正义、塑造社会风气、增强群众爱岗敬业精神等方面大有裨益。

（二）公共文化扶贫有利于保障公民的基本文化权益

参加文化活动、享受文化发展成果等文化权益是全体公民最基本的文化权益。文化扶贫工作就是一种旨在为广大贫困地区提供最基本的公共文化服务、满足群众基本文化需求、保障群众基本的文化权益的行动。构建全民公共文化服务体系，并在全国范围内有效推进基本公共文化设施和服务均等化、标准化，最繁重、最艰巨的任务首推贫困地区。大力推进我国广大贫困地区公共文化设施和服务体系建设，是保障全体公民最基本文化权益的有效方式，是实现脱贫攻坚的重要举措，也是实现到2020年我国全面建成小康社会目标的迫切需要。通过整合各级各类面向贫困地区的文化资源，从而达到完善文化服务内容、创新文化服务方式、提高文化服务效益的目的，切实保障贫困地区群众的基本文化权益。

（三）文化扶贫是传承发展民族优秀文化的重要途径

中华民族是一个有着56个民族的大家庭，各民族优秀的文化遗产，是进行社会主义文化建设的重要资源，加强民族文化的传承与发展，是保障文化多样性的必要手段。文化扶贫工作有助于提升全社会对继承发扬民族优秀传统文化的认识，充分调动各民族群众特别是文化工作者和文化传承人的积极性、主动性和创造性；文化扶贫工作有助于对民族文化的挖掘、抢救、整理和传承，构建我国民族民间文化资源保护体系，发掘民族文化资源，做大做强一批民族文化品牌，培育一批民族文化经典旅游景区景点，使各民族优秀文化在传承中发展，在发展中普及，在普及中壮大。

二、贫困地区文化贫困的因素分析

（一）贫困地区民众摆脱贫困的文化自信不足

扶贫先扶志，扶贫必扶智。一个家庭、一个群体乃至于一个地区的贫困，从表象上看仅仅是属于物质层面的问题，但从本质上来讲，人们的经济收入状况不仅仅与其教育文化素质、价值观念体系、固有生活方式等密切相关，也与其对于通过自身的努力取得较高的经济收入、大幅度提升自身的生活品质的理想和信念有关。贫困地区的人往往对贫困的生活状态已经适应，甚至认为自己本来就应该过这样的生活，著名反贫困理论专家、诺贝尔经济学奖得主缪尔达尔认为："贫困与民众宿命论观念，对改变观念与制度、维护现代技术、改善卫生条件等的麻木和冷漠相关。"贫困地区的群众普遍存在着两个特点：一是本身就缺乏对改变贫困现状的能力，缺乏脱贫所必需的文化基础和智力支持；二是缺乏脱贫致富的精神动力和坚定信念。"脱贫致富贵在立志，只要有志气、有信心，就没有迈不过去的坎。"唐代魏徵在《谏太宗十思疏》中说："求木之长者，必固其根本；欲流之远者，必浚其泉源。"这句话用于文化扶贫十分贴切，真正的根治脱贫，长效脱贫，需要以文化为支撑，文化自信是最深层次的自信，文化自觉是最长久的自觉。坚定脱贫致富的信念，需要依靠文化自信。

（二）贫困地区干部和群众文化产业理念有待更新

贫困地区经济、社会和文化发展滞后，文化产业大多处于刚起步阶段，文化产业的效益和规模尚未得到较好体现，贫困地区的干部和群众对文化产业的经济功能认识不足，忽视其经济属性，偏重于文化意识形态方面的属性。对于文化产业与文化事业辩证发展、互相促进的理念亟待提升，总体来讲偏重于依托文化事业促进文化产业发展，而忽视了文化产业发展对提升文化事业所起的积极作用。在工作中重视依靠政府投入发展文化事业和文化产业,而忽视市场在资源配置中的基础性作用。

很多人对大力发展文化产业的作用和意义认识不足，重视不够，忽视文化的经济功能，将文化产业与文化事业混为一谈，对发展文化产业存在顾虑。缺乏文化经济意识。

（三）贫困地区的文化产业发展要素基础薄弱

文化产业发展要素基础薄弱是我国贫困地区文化贫困的一个重要成因，大多数贫困地区的地理位置、气候条件、信息通信、交通物流、人力资源等文化产业发展要素的基础条件严重欠缺，与发达地区差距较大，成为制约文化产业化发展的一个重要瓶颈，落后的社会经济发展状况不足以完成较高质量的基础设施投入。贫困地区的旅游等相关产业也处于爬坡阶段，难以形成旅游业与文化产业共同发展的融合效应和集群效应，文化产业完整的产业链条难以形成。此外，贫困地区群众的消费主要用于满足自身生存需要的基本物质生活，处于马斯洛消费理论较低层级，在贫困地区，民众在温饱问题解决之前，在基本的生存问题得不到保障之时，无暇顾及膳食营养结构是否科学合理，更谈不上对养生、美食乃至于更高级的精神文化方面的需求，既缺乏进行文化消费的能力，也缺乏文化消费和文化创造的意识。

（四）贫困地区文化产业人才缺乏

人的要素是第一要素，贫困地区缺乏熟谙市场经济与经营的文化产业经营者。文化经营者，尤其是行业领军人物的经营理念、眼界视野，以及经营方式对于当地文化产业的发展方向、发展规模有很大影响。而贫困地区大多数文化产业经营者文化程度较低，知识面较窄，年龄结构不合理，知识更新不够。对现代企业管理、资产经营知识掌握较少，习惯于以传统的管理手段来经营文化，高素质的文化经纪人、中介机构的严重缺乏成为目前贫困地区文化产业发展中最大的制约因素，从而导致贫困地区文化产业项目策划、包装推介工作总体效果不明显，还需提升质量，完善细节。同时，缺乏一个由中央到地方再到乡村层层辐射、双向互动的文化扶贫机制，尤其是人才培养与交流机制，缺乏人才的双向交流。另外，文化志愿者组织的作用没有得到应有的发挥。我国目前注册的文化志愿组织有7000多个，队伍有100多万人，这些文化志愿者到基层去、到贫困地区去文化扶贫的比例偏低。

（五）贫困地区公共文化活力不足

公共文化服务的软硬件条件是进行有效文化扶贫的重要抓手和基石。公共文化服务的本质属性就在于其提供服务的对象为全体群众，然而贫困地区乡镇综合文化站等设施一是存在缺建、少建和"建而不全"的状况，二是"空壳"化现象严重。文化站设备陈旧，许多地方都是破桌子烂椅子，与时代发展较为密切相关的书籍、光盘和电脑等严重短缺，有名无实。专职、兼职的公共文化服务人员过少，平时大多数时间均不在岗位，大多数群众对文化站这样的公共文化服务机构知之甚少，很少有人去乡镇文化站解决文化需求问题。农家书屋利用率低，尽管农家书屋提供实用图书、报刊、电子音像制品借阅服务，但管理不善，人气不足。农家书屋图书被借出的频率不高，甚至有些电子音像制品没有启封。基层公共文化服务机制不健全，基层公共文化条块分割，服务资源分散。

（六）公共文化服务效能有待提高

一方面是人民群众日益提高的对公共文化服务的需求，另一方面是落后的、不能满足人民群众需要的公共文化服务现状，人民群众对公共文化服务的高需求与落后的文化产品供给之间的矛盾已经凸显。在进行文化扶贫工作时，既要加强公共文化产品与服务供给，更应提高公共文化服务效能。让公共文化真正惠及老百姓。《"十三五"时期贫困地区公共文化服务体系建设规划纲要》是我国贫困地区全面建成小康社会的基本公共文化服务顶层设计，它提出了促进贫困地区公共文化服务效能提升的重要措施。比如要求贫困地区公共图书馆、文化馆的组织体系加快走向总分馆制等。而现实是，虽然对于如何提升贫困地区的公共文化服务效能给出了指导措施，但许多地区却因为这样或者那样的问题，总分馆制的要求并没有实施。

三、贫困地区文化扶贫的措施

（一）加强对贫困地区的教育文化扶贫

下一代要过上好生活，首先要有文化，这样将来他们的发展就完全不同。义务教育一定要搞好，让孩子们受到好的教育，不要让孩子们输在起跑线上。古人有"家贫子读书"的传统。把贫困地区孩子培养出来，这才是根本的扶贫之策。"百年大计，教育为本。"这话对贫困地区来讲尤为如此，越是贫困的地区，越应加强教育投资，加强贫困地区的教育是解决贫困的根本，是贫困地区人民脱贫的内生动力。全面提升贫困地区人民群众的教育文化素质，让他们树立改变命运的信心和锐意进取的意识，有效地隔离贫困文化的代际传递，消融贫困文化的相互复制。加强对贫困地区适龄学生的职业教育，国家及省、市教育系统对贫困地区学生在升入高职、高专和中等职业教育等学校时予以政策倾斜，在招生名额上向贫困地区倾斜，同时为进入职业学校学习的贫困地区学生提供教育资金扶持，解决这些学生入学的后顾之忧，保障他们能够安心学习，鼓励他们在开展多渠道就业的同时，优先回到贫困地区，解决家乡的贫困面貌，同时用自己的专业知识解决家庭的贫困问题。

（二）注重做好各民族地区的文化扶贫

我国近年来持续关注贫困地区、贫困群众和扶贫工作，对全国各族人民脱贫攻坚工作高度重视。我国是一个有着 56 个民族的多民族国家，民族地区国土面积占全国总面积的 64.2%。决不让一个少数民族、一个地区掉队，是我国扶贫工作的要求。民族地区文化是一个有着内在关联的有机生态整体，它既传承少数民族几千年来的文化基因，也蕴含着无限丰富的开发契机。比如，彝族"火把节"、傣族"泼水节"、苗族"采花山"等民族节庆文化，蒙古长调、维吾尔族歌舞、回族武术等民族乐舞和武术，无一不是民族历史文化的精髓，同时也是文化扶贫、精准脱贫的重要载体。贵州黔东南民族文化生态保护实验区的经验值得借鉴。早在 2012 年，文化部就在黔东南设立了贵州唯一的国家级文化生态保护实验区，在牢牢守住生态和发展两条底线的前提下，当地深入挖掘苗侗民族文化的精神内核，充分发挥生态环境自然禀赋优势，为民族文化保护、传承和发展创新蓄势，打造了国内外知名的民族文化旅游之地，走出了一条既让民族文化大放异彩又让更多困难群众共奔小康的新路子。在守住民族核心文化价值和生活方式的基础上，做好民族地区的文化扶贫工作，要将民族文化的开发和保护、传承与创新紧密结合起来，在继承中求发展，在发展中求创新，真正做到各民族文化的"各美其美、美美与共"。

（三）文化扶贫要注重精准实施

扶贫工作首先考虑的不应是扶贫地政府财政收入的增长，而是每个家庭收入的增多，是"富民"而非"富财政"。在实施文化扶贫工程时要树立以民为本的思想，充分尊重群众意愿。要确立群众在文化扶贫工作中的主导性和主体地位，注重凝聚群众力量，充分调动群众智慧，正确处理好文化扶贫工作中与当地群众的关系，引导群众积极参与，建言献策。切实做到文化扶贫工作惠及于民。发挥当地文化骨干的引领作用，结成帮扶对子，进行精准扶贫，精准发力，措施到村，责任到人。要通过深入调研，制定科学的文化扶贫帮扶规划和精准脱贫措施。要细化分解帮扶任务，针对不同的贫困人群，制定明确的脱贫时间表、路线图，积极协助指导帮扶村做好扶贫总体规划，帮助协调解决工作中的困难问题。策划和实施一系列有针对性的小微文化项目，增强贫困地区群众的自我脱贫意识，精准帮助各个贫困户尽早脱贫致富。

（四）注重培养贫困地区群众正确的文化价值

贫困地区的群众由于受到文化贫困的影响，价值理念存在一定的扭曲。综合来看主要表现在听天由命的人生观、得过且过的幸福观、小农本位的生产观、好逸恶劳的劳动观、重义轻利的道德观、只求温饱的消费观、安土重乡的乡土观、多子多福的生育观等。将贫困地区的贫困问题归结为科学文化基础较差、思想观念陈旧、缺乏进取精神和发展意识，已是学术界的共识。故此，文化扶贫的作用就在于以春风化雨的形式，持之以恒对贫困地区的群众加强自强、诚信、知耻、好学、求新、务实等中华民族美德教育，树立良好的社会风气，培养贫困地区群众正确的文化价值。只有孜孜不倦地向贫困地区的群众传播新思想、新观念和致富创收的新方法，既增加他们的收入，又武装他们的头脑，才能引导贫困地区的群众树立正确的人生观、世界观、价值观和自信心，也才能够使他们在工作和生活中激发出人生的正能量，在具体的工作中发挥潜能。塑造贫困地区群众的现代文明意识，并使这种文明进取意识成为深植于群众内心的一种基因、一种品质，这能够为全面实现贫困地区脱贫目标、全面建成小康社会发挥作用。

（五）加强文化扶贫的长效机制

文化扶贫即着重于对贫困地区的文化进行改造，加快贫困居民固有习惯、风俗、心态及价值理念的解构与重构，加大对特色文化产业的扶持，从根本上实现精准扶贫工作从治标向治本转变。这就注定了文化扶贫的长期性和复杂性，加强文化产业扶贫的长期效应，一方面是强化中国传统文化产业的继承与创新。2017年颁布的《关于实施中华传统文化传承发展工程的意见》提出了"积极参与文化资源的开发、保护与利用，生产丰富多样、社会价值和市场价值相统一、人民喜闻乐见的优质文化产品，扩大中高端文化产品和服务的供给"。中国传统文化产品是民族文化的精髓，大力开发利用传统文化，既可以使群众增收致富，又可以使优秀的文化得到弘扬和传承。以传统民间钧瓷的传承为例，产业化的发展不仅富足了乡里，钧瓷的创新发展产业化态势也为钧瓷的国际化开拓了市场，成为中原地区文化的一张代表名片。另一方面是大力发展新型文化产业，积极推进"文化＋网络""文化＋旅游"等新兴文化产业业态发展，实现文化产业与相关产业的深度融合，使文化产业真正融入人民日常的经济生活和社会生活之中。

（六）完善公共文化基础服务建设是文化扶贫的落脚点

文化扶贫的落脚点是大力完善公共文化基础服务建设，研究表明，贫困地区的经济状况与该区域公共文化基础设施的发展水平有着较为密切的关系，贫困地区在公共文化设施建设和服务体系完善方面普遍存在起点低、底子薄的问题。贫困地区的人们在劳作之余，常常无所事事，甚至常常引起打架斗殴之事，亟待增加贫困地区的公共文化服务设施建设，不断兴建图书阅览室、文化活动广场、乡镇文化站、村级（社区）文化室、农家书屋、完善公共文化建设体系，将文化资源转化为现实文化生产力，打破"贫困文化"固有的平衡与封闭。不断增加公益性文化投入力度，切实加强贫困地区图书馆、乡镇文化站、村文化室等基础设施建设，努力改善和提升我国贫困地区的文化基础设施条件和服务水准。切实落实《关于加强公共文化服务体系建设的若干意见》中提出的"从城市住房开发投资中提取1%，用于社区公共文化设计建设"。对农村地区和偏远山区，打破行政区划，整合资源，采取村（社区）综合文化室与流动服务、送文化上门相结合的方式，开展流动性文化服务活动。

（七）发展文化产业扶贫是文化扶贫的切入点

从本质上来看，贫困地区和发达地区的文化发展只有内涵或者形态的不同，没有高下贵贱之分。贫困地区往往并不缺乏可供开发利用的文化资源和文化故事，只是缺乏一个合适的方式将文化资源转换为现实的文化生产力。切实改善贫困地区的生活状态，缺乏的是将文化资源转化为经济价值的文化创意和将其产业化的思路。我国的神话故事、泥塑、瓷器烧制等古老的物质和非物质文化不仅仅需要传承，更需要将其转化为能够让人养家、致富的技艺，产业化是一种较好的传承和保护方式。在文化扶贫中要加大对特色文化产业的扶持，从根本上实现扶贫工作从治标向治本转变，促进我国广大贫困地区的经济、社会、文化协同发展，将文化产业尤其是各地的独具特色的文化产业作为文化扶贫工作的突破口，不仅可以有效增进区域文化事业的繁荣，推动群众对文化属性的认知，而且对整个社会经济的全面和可持续发展具有重要意义。

李惊涛　中国作家协会会员，中国电视艺术家协会会员，中国计量学院人文学院中国文化研究中心主任。著有长篇小说《兄弟故事》、文艺评论集《文艺看法》等作品。

丰　古　本名李锋古。中国作家协会会员。著有诗文集《疼痛的拇指》《飘落的红玫瑰》《抚摸心灵》《遇见你就记下你》《我的年轻的帝国》等作品，第三届"郭沫若诗歌奖"获得者。

在万丈红尘中发出爱的声音

——丰古爱情诗探析

李惊涛

　　在诗歌长河中，可能唯有爱情诗可以不受国度、民族与历史等因素影响，绵延千年奔涌而来。丰古先生是多产诗人，著述甚丰，现已出版六部诗集。《我的年轻的帝国》尤为引人瞩目，它大胆地抒写了两性间的爱情。

　　爱情诗在不同时代，主题系统不尽相同，甚至迥异。对有些人来说，爱情诗承载了民族忧患、社会诉求，或背负了建构意识形态的负荷，以致讴歌两性情爱也要负载黄河、长江意象，也要渗透祖国、民族理念，似乎不如此即表现不出"大我"，其实这样会使爱情诗背离本体，走向歧路。丰古先生深知，在爱情诗里寻找意识形态的深刻，是缘木求鱼；更知道人性受到重创之后，会生成令人心悸的畸形。因此当他捧出《我的年轻的帝国》时，有意无意地远离了宏大叙事系统，将心交给爱，将爱交给诗，抒写了滚滚红尘中爱情的美好与艰辛，表现了缤纷世界中人类的生命意识。

　　对于爱情，丰古先生相信缘分。缘分一说虽然缘于佛教，但是它体现了人类心理、情感与精神中复杂、玄妙的成分，恰与爱情同质（见《遇见是缘》）。在《路，就是一条河》里，诗人用奇特的想象构成了特定情境："路，就是一条河／纵横交错／车辆、人和动物／都是这河里的鱼／它们都潜伏在／深水中"；续写的人生危险与疲惫，是为了反衬缘分的可贵："终于在河的拐弯处／一个储藏已久的心愿／被意外捕获"。意象始终统一在情境中，而丰富的蕴涵却有了清晰的指向。是什么样的心愿被储藏已久？《我的年轻的帝国》里被诗人赞美和膜拜的女子，能够揭示真谛。在诗人心目中，只有极致的女子能够当得起"帝国"的意象。

抒写与讴歌爱人，丰古先生有极致的表达。诗人在《为你，……》中，对内心炽热的情爱直抒胸臆，给人的感觉是想爱就写爱，想唱就高歌。那近乎迷狂的极致情感，诗人在《石棚山的夏夜》里，用读书意象作了淋漓尽致的表现："月光下，你像一本／刚刚出版的新书／墨味浓烈／让人如饥似渴地去阅读／一个痴狂的人／用不了一晚／就会把书翻烂"。爱情的力量到底有多么巨大？《你是我的海》道出了诗人的心声："会义无反顾地跳进大海／让你亲眼看见／是怎样死在你的怀里"。而《没有听到任何声音》让我们听出了诗人内心的波澜壮阔，见证了爱情的伟大力量。或许有人认为，所谓爱情诗不过是相爱的两性间心理的呓语而已，只是一些"傻话"。但是雨果先生说过，爱情使相爱的人天真，爱情才会让人觉得美好。于诗而言，天真的人才富于幻想，幻想才诞生奇特的美感。

丰古先生对爱情的极限表达很有意味。《灯火阑珊处》化用古典意境，以缆索代喻心愿；用力即痛的微妙心理，让我们体悟到了诗人内心深处的柔软。而《一只蝶的牙床掉下来》则用奇异的想象写尽了想说而不能的苦涩。在这个意义上，诗人认为，不写是一种写，不说也是一种说。《你是我丢失的那个汉字》称得上不着一字，尽得风流。同样的理念，放大到爱情本体，丰古先生则以《看不到的才是最美的》和《爱着，却不能拥有》等作品，传递了爱而不得其爱或为最美的辩证理念。赋比兴手法的运用，在诗人爱情诗中所占比重很大，如因爱生诗的《写给你的生日》，将思念化作纸船的《站在窗前观雨》，将爱的心理风光与自然风光契合为一体的《走近垭口》，特别是化无形思念为有形物象的《用诗修建一座庙宇》等，都表现出丰古先生在古典意境与现代心性之间优游的从容。

爱情就是这样，有风花雪月，自然也会有暴风骤雨。丰古先生爱情诗的丰富性，使我们读到了伤痛、读到了颖悟，感受到了爱情诗应有的生命意识（《笑变得有些无耻》）。当爱泯灭之后，爱人之间伤痕累累，几乎是必然的（《战争》）。在这一类的作品里，丰古先生的《一只病重的猫》，是上佳作品。它再次显示了诗人的天赋异秉，即打比方的不是一个事物，而是一个场面、一个过程、一个模拟的情境："心里装着鹅卵石／想着一些摇摇欲坠的事情／怕它们掉下来／砸伤我的爱"。欢爱时对于情人的赞美，往往是表浅的；只有痛苦、疼痛，才能触入生命的深刻本质："从黑暗里走出来／那些变形的阳光／能否还原／谁能揭开这样的秘密／一只病重的猫／在静静地守候"。在那样的心境里，即使看见落叶，诗人也会解读为爱的死亡（《落叶，接近死亡的年龄》）。即使写"大地上的一条河流／夜里偷偷开放的花朵"，也会联想到"思念留下的后遗症／爱过才有的疤痕"（《伤口》）。当然，生离死别，对于相爱的人而言，永远都牵动心念，就像《惊悚》所表达的那样，死时也会想到爱人。这就是丰古先生笔下令人向往的爱情，这就是丰古先生令人生爱的爱情诗。

当然，世界并不会因为有两性相爱就提供一片真空。万丈红尘淹没了许多的爱情故事。丰古先生在讴歌了爱人、爱情的美好之后，转而揭示世相对于爱情所构成的令人不安的图景。遇到真爱，有时道德显然滞后于情感，法律也无例外。它们在保护爱情的同时，也显示出两难的尴尬。人类两性之间的情爱，在形而上的意义上，必然超越道德、法律而进入到精神层面。《一扇美丽的门就要关上》促使人思考，什么样的爱会被世俗诋伤而不受法律保护？当然无关爱的真假宏旨。因此，诗人试图让人相信，当对于美的追求表征为爱的时候，也就无所谓胜与败了。但是，即便如此，面对诡异的人言与世态，诗人依然感到疑惧（《一只老鸦站在枝头》），有时甚至畏惧、哭泣（《我还是我吗》），甚至出离愤怒："一个男人，站在天地间／应该还算挺拔／可在时空向度里／总是八面受敌／那些面带微笑的人／像一群鸟／在我的身边鼓噪盘旋／可落在我头顶的／不是美丽的羽毛／却是骚腥烂臭粪便"。有时候，诗人甚至会表现出某些懦弱与逃避的意识。在《关于我的风声》里，抒情主人公爱着他不能拥有的女人，自然生出"风声"，令他"心惊肉跳"。于是，诗人从两个角度写出了渺茫的愿景："世间要是没有风吹／多好／那就不会草动／草一低／牛羊就无藏身之处／蹶起来的屁股／暴露无遗／／现在，我想脱胎换骨／做个没有风声的人／羊羔一样温驯／云朵那般洁白／或者做深山里的小草／隐姓埋名／躲避风的搅动"。遭遇爱情的诗人，同时遭遇了类似约瑟夫·K①所面对的阴森、庞大、复杂的司法机关一样的炎凉世态，个人的爱情是那样的脆弱和微不足道。在这里，我们不仅不会为诗人感到羞怯，反而会给予某种程度的理解。好在《春风料峭》中的暗示，令人欣慰地看到，诗人让爱情回旋曲的旋律重新奏响，因为春风虽然料峭，但吹拂而来的，毕竟是春风。

爱情诗自《诗经》滥觞，千百年不衰，嫦娥从来就不只为汉唐飞天，月亮也不只在宋明圆满，白云也不仅为徐志摩飘浮，雨巷更不只为戴望舒静候。获得过"郭沫若诗歌奖"的丰古先生，值得关注的爱情诗集还有《遇见你就记下你》《请你把春天唤醒》等多部。这些爱情诗集让我们坚信，虽然爱不一定与诗同在；但是丰古先生的诗歌，必定与爱同在。

附：丰古的爱情诗（九首）

遇见是缘

不期的邂逅
或许是前世修来的缘
沉睡的心灵
被一掬清澈的目光拨醒
弯弯的睫毛
拽住了我的脚步

一阵慌张之后
奔涌而来的是千种惆怅
心灵的驿动不敢言说

---

① 奥地利作家卡夫卡长篇小说《诉讼》中的主人翁。

牵挂在不停地延展

渴望，仿若儿时心中的北京

向往，成为生活中的一种仪式

路，就是一条河

路，就是一条河

纵横交错，车辆、人和动物

一切运动的物都是这河里的鱼

它们都潜伏在深水中

在这条繁忙拥挤的河里

想找一个人，很难

能随遇而安吗，不能

在这条错综复杂的河里

但生命在这条河里

危险系数很大，一定要小心翼翼

好在，心中有一盏灯始终亮着

敦促我继续前行

在水中寻觅得太久了

精疲力竭的时候，终于

在河的拐角处，储藏已久的心愿

被意外捕获

为你，……

为你，我思念过

为你，我温柔过

为你，我热烈过

为你，我沸腾过

为你，我融化过

为你，我欣喜过

为你，我庄严过

为你，我等待过

为你，我追逐过

为你，我低下过

为你，我错误过

为你，我伤心过

为你，我哭泣过

为你，我疼痛过

为你，我恐惧过

为你，我死亡过

在世俗面前

我什么都能过

就是过不了你给我的黑

真实，被怀疑缩水

面对语言的暴力

只能选择，柔软地沉默

石棚山的夏夜

在有月的夏夜

沿着石阶而上或而下

无比的温馨

让人忘记山的高度

月色，把你镀的饱满

楚楚动人

在这令人心醉的夜晚

该如何赞美这月和你的风姿

只想沿着月下的香径

来回地走

并把它踏破

看谁能重蹈我们的覆辙

月光下，你像一本

刚刚出版的新书

墨味浓烈

让人如饥似渴地去阅读

一个痴狂的人，用不了一晚

就会把书页翻烂

走近垭口

对面，是双胞胎山峰

中间有一道口子

它是唯一进山和出山的门

当你走进垭口

遭遇的是风生水起

阴湿和冷，将你包裹得很紧

让人心悸和恐慌

山外是活色生香的城市

谁都抵挡不了的诱惑

不甘寂寞的人会打起精神

像勇士，冒死去穿越

度过艰难的时光隧道以后

你会感到酣畅淋漓

从山里到山外，从山上到平原

在黑暗中看到了黎明

梦想变成现实，性格愈发坚强

如城里的钢筋水泥混凝土

在这样的城堡里过活

多么酷和威猛

许多事说变就变

习惯了就不会再有惊慌

有一天，你被夜色灌得很醉

再回到山前的时候

山峰和垭口已被打磨得很鲜亮

你是我丢失的那个汉字

因为一个字

诗，常常写不下去

纸，停止了呼吸

笔，走了神

我傻傻地站成为一个字

黔驴技穷的表情自己看不到

那个字是被压在山下
还是游荡在草原，不得而知
诗，逼迫我去寻找
千山万水寻遍却不见踪影

坐在河边小憩
被潺潺的水声推醒
睁开眼睛一看，原来是你
一生寻找的那个字啊

我们沐着和阳光春风
洗去汗臭和铅华
手挽手，沿着溪水逆流而上
走着走着，我们便幻化成
洁净无瑕的一个新词

你是我的海

千年以前，你就是我的海
无论白天还是夜晚
有海浪，不停地向我卷来
细碎的浪花敲打着我的念想
让我产生叠加的渴望
不知多少个世纪
目光的雷达不知疲倦地扫描
目标一旦锁定
会义无反顾跳进大海
让你亲眼看见

是怎样死在你的怀里

冬天，一只鹰在空中盘旋

不能不惊叹雪
一个夜晚
就把大地涂抹成银色
万物披上盛装
虚荣、忧伤和不平
统统被打了包
凸显出一片干净的风景

一只鹰在空中盘旋
多么抒情的样子
为什么在冰天雪地的季节
走出温暖的巢穴
可它的流动
打破了寂静的世界
给寒冷的冬天
带来一丝丝暖意

在冽冽的朔风中
它终于降落
给大地一个热烈的吻
然后，雪地上留下了
平仄押韵的诗行
我突然感到
那是通往春天和爱的路

一扇美丽的门就要关上

春节过后，风把温暖拽了回来
可我，却感到格外阴冷
在通往春天的路上
一扇美丽的门就要关上

一个匆匆赶路的人
站在路心，隐约地听到
门开始移位的声音
那微微的动静却撕心裂肺
让人惶然

心的方向很固执，默默地想
一些往事，那些轰轰烈烈
风生水起的场景
温柔的情怀历历在目，此刻
眼睛里不由自主地荡起涟漪

在这座拥挤而又喧嚣的城市
好像没有落脚之地了
孤独，仿若冬天的一枚黄叶
被风卷起又被重重地摔下

胜败与否已经无须在意
我坚信，无论现在还是将来

心里和眼里，除了美好的事物
已经容不下别的东西